Der

# Staatshaushalt des Königreichs Sachsen

seit dem Jahre 1880.

# Der Staatshaushalt

des

# Königreichs Sachsen

seit dem Jahre 1880.

Ein Beitrag

zur

Beurteilung der gegenwärtigen Finanzlage

von

**Dr. jur. Otto Georgi,**

Königl. Sächs. Geheimem Rat, Oberbürgermeister a. D.,
Mitglied der Ersten Kammer.

Leipzig,
Verlag von Duncker & Humblot.
1903.

# Inhaltsverzeichnis.

# Einleitung.

Als dem Landtage 1902/03 ein Staatshaushaltplan für die nächste Finanzperiode vorgelegt wurde, in dem ein Zuschlag von 50% zur Staatseinkommensteuer vorgesehen war, entstand begreiflicherweise bei den Ständen wie im Lande eine große Beunruhigung, und allseitig wurde die Frage aufgeworfen: Wie ist es möglich gewesen, daß unsere sächsischen Finanzen, die man allgemein für so blühende gehalten hat, in diesen Zustand der Bedrängnis haben kommen können? Die Verhandlungen des Landtags, die Berichte seiner Deputationen, die von der Staatsregierung denselben gegebenen Erläuterungen haben ja manches zur Klarstellung der Sachlage beigetragen, indes geht man vielleicht nicht fehl, wenn man annimmt, daß eine volle Klarheit über die Entwicklung unserer Finanzen im Lande noch nicht vorhanden ist, und daß auch den Vertretern des Landes eine Zusammenfassung der Entwicklung wenigstens in den letzten Perioden zu einem Gesamtbilde und eine Prüfung der daraus sich ergebenden Folgerungen nicht unerwünscht sein werde. Der Verfasser darf es deshalb wagen, das Ergebnis der Erörterungen, die er zunächst zur Befriedigung seines eigenen Bedürfnisses angestellt hat, auch weiteren Kreisen zur Kenntnis zu bringen. Die Quellen sind ja allgemein zugänglich, indes nicht jeder ist in der Lage, die zu deren Erschließung nötige

Zeit und Mühe aufzuwenden, und so möge die zur eigenen Information unternommene Arbeit für andere mitgetan sein. Wir besitzen ja in Sachsen schon eine ausgezeichnete Schrift: „Der Staatshaushalt des Königreichs Sachsen in seinen verfassungsrechtlichen Beziehungen und finanziellen Leistungen“ von Dr. Ernst Löbe, derzeit Geh. Rat und Ober-Zoll- und Steuerdirektor, eine Denkschrift zur Feier des achthundertjährigen Regierungsjubiläums des Fürstenhauses Wettin, auf die hierdurch besonders verwiesen werden soll, und wir haben hoffentlich ein vielversprechendes größeres Werk über die sächsischen Finanzen zu erwarten. Es tritt also gerade auf diesem Gebiete, den Finanzen, der Mangel an wissenschaftlicher Bearbeitung der sächsischen Staatsverwaltung und ihrer Aufgaben, der leider seit langer Zeit auf den anderen Gebieten des sächsischen Staatslebens zu beklagen ist, nicht so hervor. Indes die erstgenannte Schrift führt, dem Zeitpunkt ihres Erscheinens entsprechend, ihre Darstellungen nur bis mit zum Jahre 1885 fort, und gerade die seitdem verflossenen Perioden sind für die gegenwärtige Finanzlage die entscheidenden gewesen; so darf man es daher wohl unternehmen, vorläufig durch die nachstehenden Untersuchungen einigen Ersatz zu bieten. Das Großherzogtum Baden ist in der glücklichen Lage, zwei hervorragende Schriften auf diesem Gebiete zu besitzen, nämlich: Philippovich: Der badische Staatshaushalt 1868—1889, Freiburg i. B. 1889, und Buchenberger, badischer Finanzminister: Finanzpolitik und Staatshaushalt im Großherzogtum Baden in den Jahren 1850—1900, dem Großherzog aus Anlaß seines Regierungsjubiläums gewidmet. Namentlich die letztere verdient wegen der Stellung des Verfassers wie wegen des Inhaltes, so z. B. wegen der Behandlung der Stellung der Einzelstaaten zum Reiche, der Besprechung von Steuerfragen und wegen des Überblicks über die badische Gesetzgebung und Verwaltung, soweit sie die Finanzen des Staates beeinflußt haben, eine ganz besondere Beachtung, die hiermit anempfohlen sein mag. Die nachstehenden Betrachtungen werden auch mannigfach an sie anknüpfen.

Den Rahmen der vorgenommenen Erörterungen bilden zeitlich die Finanzperioden seit dem Jahre 1880 bis zur Gegenwart. Der Anfangstermin 1880 ist aus einem doppelten Grunde gewählt worden: einmal weil die vorhergehenden Perioden durch die Löbesche Schrift erschöpfend behandelt worden sind, und sodann, weil mit dem Jahre 1880 die Einkommensteuer zuerst zur vollen Wirkung gekommen ist. Für diesen Zeitraum liegen aber zurzeit die Rechenschaftsberichte nur bis mit dem Jahre 1899 vor; für die Zeit nachher konnten also nur die Staatshaushaltpläne in Vergleichung gestellt werden, was man zu beachten bittet. Was den sachlichen Inhalt anlangt, so konnte darauf verzichtet werden, auf die verfassungsrechtlichen Verhältnisse und Beziehungen des Staatshaushalts näher einzugehen, weil auch hierfür die Löbesche Schrift alles Wünschenswerte bietet.

In der Anordnung der Tabellen sind in der Hauptsache die zweijährigen Perioden beibehalten worden, weil dadurch die Übersichtlichkeit gewinnt; für die Staatshaushaltpläne, die jetzt auf Jahresbeträge eingerichtet sind, sind diese deshalb verdoppelt worden.

---

# I. Allgemeiner Überblick.

Die Tabelle 1 S. 6 und 7 gibt zunächst einen allgemeinen Überblick über die Bewegung des Staatshaushaltes seit dem Jahre 1880. Zur Erläuterung ist dabei zu bemerken, daß, soviel die Etats der Überschüsse anlangt, sich die Kapitel am Ende des Zeitabschnittes nicht ganz mit den anfänglich vorhanden gewesenen decken. So enthielt der Rechenschaftsbericht über die Jahre 1880/81 noch ein Kapitel 1b: die Flöße; es ist aber davon abgesehen worden, es mitaufzunehmen. Ebenso enthielten die ersten Perioden noch ein Kapitel 14: Rothschönberger Stollen, das später weggefallen ist; auch dieses Kapitel ist unerwähnt geblieben, in den Summen zu A sind aber die betr. Ziffern berücksichtigt. Anderseits enthalten die Etats von 1900 ab ein Kapitel (14) Fernheizwerk, das schon seiner geringen Bedeutung wegen unberücksichtigt bleiben konnte. Die fiskalischen Hüttenwerke und die Erzbergwerke sind im Anfange zusammengefaßt gewesen, später in zwei Kapitel getrennt; ebenso ist von der Lotterie später als besonderes Kapitel die Lotteriedarlehnskasse abgetrennt worden; der leichteren Vergleichung wegen ist die Zusammenfassung beibehalten worden.

Ferner sind in den Rechenschaftsberichten bis mit 1894/95 die Überweisungen vom Reiche mitenthalten und compensando unter den Zuschüssen die Matrikularbeiträge; von da an sind sie weggelassen; es ist dies bei der Vergleichung sowohl der betreffenden Kapitel als der Summen der betreffenden Abschnitte im Auge zu behalten. Wie sich Überweisungen und Matrikularbeiträge zueinander verhalten haben, das wird später besonders behandelt werden.

Überblickt man nun die Bewegung im Staatshaushalt, so springt sofort der sehr wichtige Nachweis in die Augen, daß in den Nutzungen des Staatsvermögens während der verflossenen 24 Jahre nur eine sehr geringe Steigung stattgefunden hat. Der Überschuß der Periode 1880/81 steht mit 84284000 Mk. den für die Periode 1902/03 budgetierten 89698000 Mk. gegenüber; das ist eine Steigerung von nur 6,5 %! Allerdings sind für die Periode 1900/01 100176000 Mk. budgetiert, allein, da die Eisenbahnen in dieser Periode um 10065000 Mk. hinter dem Etat zurückgeblieben sind, so wird die etatisierte Gesamtsumme der Nutzungen des Staatsvermögens nicht erreicht sein. Entscheidend für diese Nutzungen sind selbstverständlich die Überschüsse der Eisenbahnen, und sie werden deshalb einer besonderen Prüfung zu unterziehen sein; im übrigen zeigen die Nutzungen teils eine nur geringe Fortentwicklung, teils sogar einen erheblichen Rückgang. So sind die Forsten, nachdem sie von 13453000 Mk. in 1880/81 sich auf 17089000 Mk., in 1896/97 gehoben hatten, für die laufende Periode nur mit 15710000 Mk. etatisiert. Die Domänen sind von 1040000 Mk. auf 902000 Mk. in der Rechnung von 1898/99 zurückgegangen und auch pro 1902/03 nur mit 986000 Mk. etatisiert, die Kalkwerke sind von 173000 Mk. auf 70000 Mk. nach dem Voranschlag für 1902/03, die Porzellanmanufaktur von 896000 Mk. auf 301000 Mk. nach der Rechnung von 1898/99, 326000 Mk. nach dem Etat 1902/03 zurückgegangen. Das Steinkohlenwerk Zaukerode hatte 1880/81 einen Überschuß von 1313000 Mk., in 1898/99 nur 1050000 Mk.;

Tabelle 1. **Allgemeiner Überblick über die Bewegung des Staats-Rechenschaftsberichten und nach den für die Perioden**

I. Etat der Über-

| | 1880/81 | 1882/83 | 1884/85 | 1886/87 |
|---|---|---|---|---|
| A. Nutzungen des Staatsvermögens und der Staatsanstalten. | | | | |
| Forsten und Jagd | 13 153 | 14 505 | 15 292 | 14 726 |
| Domänen und Intraden | 1 040 | 1 090 | 1 041 | 1 071 |
| Kalkwerke | 173 | 147 | 151 | 126 |
| Weinberge und Kellerei | — 69 | — 10 | — 6 | — 21 |
| Hofapotheke | 28 | 28 | 28 | 22 |
| Elsterbad | 55 | — | — | — 414 |
| Leipziger Zeitung | — 12 | — 11 | — 48 | — 53 |
| Porzellanmanufaktur | 896 | 931 | 604 | 789 |
| Steinkohlenwerk Zaukerode | 1 313 | 973 | 1 112 | 1 624 |
| Braunkohlenwerk Kaditzsch | 109 | 74 | 42 | 14 |
| Fiskalische Hüttenwerke bei Freiberg / Fiskalische Erzbergwerke bei Freiberg | 1 742 | 1 836 | 1 188 | — 1 333 |
| Blaufarbenwerk Oberschlema | 314 | 237 | 293 | 99 |
| Fiskal. Kuxanteile a. Privatblaufarbenwerk | 59 | 61 | 55 | 38 |
| Münze | — 31 | — 36 | — 29 | — 160 |
| Staatseisenbahnen | 55 433 | 57 596 | 55 311 | 59 795 |
| Landeslotterie und Darlehnskasse | 7 174 | 9 271 | 9 355 | 9 178 |
| Einnahmen der allgem. Kassenverwaltung | 2 089 | 4 021 | 4 001 | 3 684 |
| Summe zu A | 84 284 | 90 841 | 88 569 | 89 309 |
| B. Steuern und Abgaben. | | | | |
| Direkte Steuern | 43 668 | 40 202 | 37 897 | 40 743 |
| Zölle und Verbrauchsteuern | 10 635 | 17 441 | 29 619 | 27 274 |
| Chaussee- und Brückengelder | 1 124 | 1 096 | 1 117 | — |
| Summe zu B | 55 423 | 58 740 | 59 634 | 68 018 |
| Summe zu A und B | 139 707 | 149 581 | 148 203 | 157 328 |

II. Etat der Zuschüsse und Hauptabschlüsse (1880—1899

| | 1880/81 | 1882/83 | 1884/85 | 1886/87 |
|---|---|---|---|---|
| Allgemeine Staatsbedürfnisse | 67 793 | 71 141 | 70 916 | 69 611 |
| Gesamtministerium 2c. | 299 | 308 | 918 | 347 |
| Departement der Justiz | 5 480 | 6 222 | 6 487 | 6 669 |
| Departement des Innern | 14 411 | 14 203 | 17 926 | 18 448 |
| Departement der Finanzen | 10 498 | 10 259 | 11 424 | 12 052 |
| Departement des Kultus | 13 081 | 13 522 | 14 476 | 16 014 |
| Departement des Auswärtigen | 236 | 246 | 236 | 216 |
| Ausgabe zu Reichszwecken | 9 590 | 10 735 | 10 862 | 18 003 |
| Pensionsetat | 5 827 | 6 070 | 6 297 | 6 571 |
| Reservefonds und Dotationen | 76 | — | — | 3 289 |
| Summe | 127 295 | 132 709 | 139 545 | 151 224 |
| Vergleichung: | | | | |
| Etat der Überschüsse | 139 707 | 149 581 | 148 203 | 157 328 |
| Etat der Zuschüsse | 127 295 | 132 709 | 139 545 | 151 224 |
| Hauptabschluß | + 12 411 | + 16 871 | + 8 657 | + 6 103 |

**haushalts nach den für die Perioden 1880/81—1898/99 vorgelegten 1900/01—1902/03 verabschiedeten Staatshaushaltplänen.**

schüsse (in 1000 Mk.).

| 1888/89 | 1890/91 | 1892/93 | 1894/95 | 1896/97 | 1898/99 | 1900/01 | 1902/03 |
|---|---|---|---|---|---|---|---|
| 16 092 | 15 913 | 13 748 | 14 817 | 17 089 | 16 906 | 17 054 | 15 710 |
| 1 014 | 719 | 840 | 804 | 653 | 902 | 954 | 986 |
| 150 | 65 | 88 | 47 | 26 | 77 | 29 | 70 |
| — 17 | — 61 | — 47 | — 47 | — 39 | — 31 | + 4 | — |
| 31 | 38 | 38 | 38 | 37 | 34 | 28 | 28 |
| 12 | — 263 | 19 | — 56 | 26 | 37 | 122 | 138 |
| 51 | 69 | 59 | 38 | 19 | — 48 | — 54 | 7 |
| 652 | 634 | 461 | 468 | 364 | 301 | 306 | 326 |
| 1 552 | 1 692 | 1 145 | 1 312 | 1 283 | 1 050 | 1 406 | 1 620 |
| — 4 | 59 | 43 | 66 | 38 | 17 | 13 | — |
| — 91 | — 545 | — 2 479 | — 3 236 | — 3 831 | — 3 193 | — 2 612 | — 1 834 |
| 314 | 181 | — 3 | — 385 | — 15 | 0,6 | — | 40 |
| 51 | 46 | 27 | 21 | 12 | — 127 | — | — |
| 2 | — 6 | 2 | 9 | 7 | 22 | — | — |
| 69 288 | 64 928 | 61 446 | 65 686 | 77 649 | 66 434 | 71 364 | 60 688<br>z.B. — 240 |
| 9 205 | 9 414 | 9 266 | 9 100 | 9 529 | 8 479 | 9 208 | 9 326 |
| 3 818 | 4 350 | 2 189 | 2 224 | 2 804 | 2 704 | 2 172 | 2 760 |
| 102 127 | 97 238 | 86 850 | 90 910 | 105 656 | 93 569 | 100 176 | 89 698 |
| 44 595 | 50 496 | 52 326 | 60 301 | 64 109 | 72 304 | 75 530 | 97 018 |
| 48 458 | 60 220 | 58 635 | 63 451 | 8 845 | 9 337 | 8 788 | 8 886 |
| — | — | — | — | — | — | — | — |
| 93 054 | 110 717 | 110 962 | 123 752 | 72 955 | 81 642 | 84 220 | 105 900 |
| 195 181 | 207 955 | 197 812 | 214 662 | 178 612 | 175 211 | 184 396 | 195 598 |

nach der Rechnung, 1900—1903 nach dem Haushaltungsplan).

| 1889/89 | 1890/91 | 1892/93 | 1894/95 | 1896/97 | 1898/99 | 1900/01 | 1902/03 |
|---|---|---|---|---|---|---|---|
| 70 839 | 71 850 | 69 261 | 69 512 | 70 496 | 73 901 | 81 084 | 88 474 |
| 422 | 455 | 549 | 502 | 524 | 546 | 720 | 894 |
| 6 088 | 9 369 | 7 598 | 7 078 | 5 794 | 5 446 | 8 306 | 5 956 |
| 19 506 | 22 121 | 23 331 | 20 372 | 28 293 | 25 390 | 28 090 | 29 806 |
| 15 698 | 16 780 | 15 995 | 13 596 | 14 890 | 15 037 | 15 634 | 15 982 |
| 17 033 | 18 603 | 24 336 | 24 799 | 26 617 | 28 906 | 35 226 | 37 094 |
| 250 | 244 | 248 | 242 | 265 | 261 | 330 | 330 |
| 28 727 | 40 440 | 48 362 | 54 675 | 66 | 102 | 83 | 90 |
| 6 930 | 7 615 | 8 531 | 9 055 | 9 828 | 10 547 | 11 738 | 11 420 |
| 3 082 | 6 554 | 3 327 | 3 463 | 3 658 | 3 695 | 4 074 | 5 544 |
| 168 579 | 194 036 | 201 541 | 203 298 | 160 436 | 163 836 | 184 396 | 195 598 |
| 195 181 | 207 955 | 197 812 | 214 662 | 178 612 | 175 211 | 184 396 | 195 598 |
| 168 579 | 194 036 | 201 541 | 203 298 | 160 436 | 163 836 | 184 396 | 195 598 |
| + 26 601 | + 13 918 | — 3 729 | + 11 364 | + 18 175 | + 11 374 | — | — |

ob der Voranschlag für 1902/03 mit 1620000 Mk. erreicht werden wird, bleibt abzuwarten. Das Braunkohlenwerk Kaditzsch, das noch 1880/81 109000 Mk. lieferte, ist bis auf Null nach dem Etat 1902/03 gesunken; desgleichen sind die Überschüsse aus dem Blaufarbenwerke Oberschlema oder von den fiskalischen Kuxanteilen am Privatblaufarbenwerk ganz oder fast ganz geschwunden. Die bedenklichste Entwicklung aber haben bekanntlich die fiskalischen Hütten- und Erzbergwerke bei Freiberg genommen; während sie 1880/81 noch 1742000 Mk. Überschuß lieferten, erfordern sie jetzt einen Zuschuß, der 1896/97 seinen Höhepunkt mit 3831000 Mk. erreicht hatte. Für die laufende Periode ist er mit 1834000 Mk. veranschlagt; ob dieser Zuschuß nicht überschritten werden wird, erscheint nach dem neuen Silbersturz des vorigen Jahres zweifelhaft, aber schon dieser Betrag ergibt gegen 1880/81 eine Differenz von über 3500000 Mk. Wenn es auch gelingen sollte, den Zuschuß noch weiter abzumindern, so wird kaum darauf zu rechnen sein, daß aus Bergbau und Hütten jemals wieder annähernd dieselben Überschüsse zu erzielen sein werden wie früher. Auch Lotterie und Lotteriedarlehnskasse haben seit 1882/83 eine nennenswerte Steigerung nicht erfahren und scheinen also auch die Grenzen ihrer Entwicklungsfähigkeit wenigstens vorläufig erreicht zu haben. Außer den Eisenbahnen bleiben also unter den Nutzungen vom Staatsvermögen eigentlich nur die Forsten, von denen eine stetige Steigerung angenommen werden kann; allein, wenn auch hier eine sehr erfreuliche stetige Zunahme der Einnahmen zu beobachten ist, so wachsen doch fast noch regelmäßiger die Ausgaben; es haben betragen in 1000 Mk.

| | die Einnahmen | die Ausgaben | Prozent der Einnahmen |
|---|---|---|---|
| 1880/81 | 20459 | 7005 | 34,2 |
| 1882/83 | 21731 | 7225 | 33,2 |
| 1884/85 | 22784 | 7492 | 32,9 |

| | die Einnahmen | die Ausgaben | Prozent der Einnahmen |
|---|---|---|---|
| 1886/87 | 22 260 | 7 534 | 33,4 |
| 1888/89 | 23 232 | 7 739 | 33 3 |
| 1890/91 | 24 162 | 8 248 | 34,1 |
| 1892/93 | 22 587 | 8 839 | 39,1 |
| 1894/95 | 23 836 | 9 018 | 38,0 |
| 1896/97 | 26 244 | 9 155 | 34,9 |
| 1898/99 | 27 419 | 10 513 | 38,3 |

Während also die Einnahmen, wenn man selbst die günstige Periode von 1898/99 mit der Anfangsperiode vergleicht, um 34 % gewachsen sind, sind die Ausgaben um 50 % gestiegen. Die persönlichen Ausgaben betrugen 1880/81 1 803 000 Mk. und 1898/99 2 577 000 Mk., sind also um 42,9 % oder durchschnittlich in jeder Periode um 4,29 % gestiegen; die sachlichen betrugen 1880/81 5 201 000 Mk. und 1898/99 7 936 000 Mk., sind also um 52,5 % oder durchschnittlich um 5,25 % in jeder Periode gewachsen. Man wird also damit zu rechnen haben, daß trotz etwaiger Steigerung der Holzpreise der Überschuß doch mit den Jahren relativ geringer wird.

Abgesehen von den Eisenbahnen werden also die Nutzungen des Staatsvermögens bei steigenden Ausgaben einen immer kleineren prozentualen Anteil an der Deckung der letzteren haben, und ist es deshalb um so wichtiger, zu untersuchen, in welchem Maße die Steuern und Abgaben in der Lage sind, den Ausfall zu decken. Da ist es nun ein erfreulicher Beweis für die gesunde wirtschaftliche Entwicklung des Landes, daß die direkten wie die privativen sächsischen indirekten Steuern eine bald raschere, bald langsamere, aber doch ununterbrochene Steigerung zeigen. In der nachstehenden Tab. 2 (S. 10) sind die Steuern beiderlei Art zusammengestellt; ausgeschieden sind die Überweisungen an Zöllen und Reichssteuern, und nur die Vergütungen für Erhebung und Verwaltung der Reichssteuern sind mit in Rechnung gestellt, da dafür ja auch erhebliche Ausgaben zu leisten sind.

Tabelle 2. In 1000 Mark.

| Periode | Grundsteuer | Einkommensteuer | Gew.-Betr. im Umherziehen | Urkunden- u. Erbschaftssteuer | Vergütung für Erhebung | Privative Sächs. Abtl. | Gesamt-Überschuß | Prozentuale Zunahme gegen die Vorperiode % |
|---|---|---|---|---|---|---|---|---|
| 1880/81 | 5 444 | 36 281 [1] | 668 | 3 809 | 3 160 | 7 058 | 56 366 | — |
| 1882/83 | 5 579 | 32 451 [2] | 545 | 4 265 | 4 495 | 7 658 | 54 993 | — |
| 1884/85 | 5 743 | 29 950 | 515 | 4 442 | 4 376 | 7 992 | 53 018 | — |
| 1886/87 | 5 898 | 32 861 | 522 | 4 374 | 4 693 | 8 653 | 56 947 | + 7,97 |
| 1888/89 | 6 112 | 36 323 | 531 | 4 754 | 6 536 | 9 540 | 63 796 | + 12,03 |
| 1890/91 | 6 439 | 41 559 | 484 | 5 384 | 6 444 | 9 171 | 69 481 | + 8,91 |
| 1892/93 | 6 814 | 43 995 | 455 | 5 120 | 6 306 | 8 966 | 71 656 | + 3,31 |
| 1894/95 | 7 029 | 50 814 | 444 | 6 139 | 6 666 | 8 870 | 79 962 | + 11,58 |
| 1896/97 | 7 257 | 54 126 | 462 | 6 562 | 6 682 | 10 180 | 85 269 | + 6,63 |
| 1898/99 | 7 530 | 61 897 | 458 | 7 259 | 6 956 | 11 209 | 95 309 | + 11,77 |
| | | | | | | | | 62,20 |
| Budget 1900/01 | 7 980 | 65 900 | 460 | 7 200 | 6 844 | 11 012 | 99 593 | + 4,48 |
| 1902/03 | 8 370 | 70 000 [3] | 460 | 7 200 | 7 348 | 11 328 | 104 706 | + 5,13 |

[1]) inkl. 50% Zuschlag. [2]) inkl. 20% Zuschlag. [3]) exkl. Zuschlag.

Berechnet man, da die Einkommensteuer in der Periode 1880/81 noch mit 50% und in der Periode 1882/83 noch mit 20% Zuschlag erhoben worden ist, die Steigerung von der Periode 1884/85 bis mit 1898/99, so sind in dieser Zeit, also in 16 Jahren, gewachsen in 1000 Mk.

| | | | | | | | |
|---|---|---|---|---|---|---|---|
| die Grundsteuer | von 5 743 Mk. | auf 7 530 Mk. | = 31% | Durchschn. ca. | 2% | jährl. |
| die Einkommensteuer . . . | „ 29 950 „ | „ 61 897 „ | = 106,9% | „ | „ | 6,6% | „ |
| die Steuer von Urkunden und Erbschaften . | „ 3 809 „ | „ 7 259 „ | = 90,5% | „ | „ | 5,6% | „ |
| die Vergütung f. Erhebung der Reichssteuern | „ 3 160 „ | „ 6 956 „ | = 120,1% | „ | „ | 6,2% | „ |
| die Priv. Sächs. Abgaben . . | „ 7 058 „ | „ 11 209 „ | = 58,8% | „ | „ | 4,8% | „ |

Nur die wenig ins Gewicht fallende Abgabe vom Gewerbebetrieb im Umherziehen ist von 668000 Mk. auf 458000 Mk. gefallen. Im ganzen sind die vorerwähnten Steuern gestiegen in 1000 Mk.

von 53 018 Mk. auf 95 209 Mk. = 79,7% Durchschnitt ca. 5% jährlich.

Auch die Haushaltpläne für die Perioden 1900/01 und 1902/03 veranschlagen noch erhebliche Steigerungen, doch ist es ja noch nicht bekannt bezw. nicht feststehend, wie weit die Anschläge erreicht worden sind.

Nimmt man aber an, daß die in die Haushaltpläne eingestellten Ziffern annähernd sich als zutreffend erweisen, so würden die Steuern und Abgaben, ausschließlich des Zuschlags zur Einkommensteuer, in 1000 Mk., sich auf 104 706 Mk. belaufen, also seit 1880/81, wenn man auch da den erhobenen Zuschlag von 50 % der Einkommensteuer außer Ansatz läßt, sich von 44 272 Mk. auf 104 706 Mk., also um 60 434 Mk., gehoben haben. Fügt man hierzu das oben berechnete Mehr bei den Nutzungen des Staatsvermögens von 5 414 Mk., so ergibt das ein Mehr von 65 848 Mk. bei den Überschüssen.

Vergleicht man nun damit das Wachstum bei den Zuschüssen, scheidet zu diesem Zwecke die Matrikularbeiträge aus und zieht ferner von den Ausgaben der Periode von 1880/81 den zu deren Deckung notwendig gewesenen Zuschlag von 50 % der Einkommensteuer mit 12 094 Mk. ab, so ergibt sich eine Steigerung von in 1000 Mk.

105 611 Mk. in 1880/81 auf
195 598 Mk. in 1902/03, also um
89 987 Mk.

Um also ohne Zuschlag das gestiegene Staatsbedürfnis befriedigen zu können, hätte das Wachstum der Steuern 2c. um rund 24 Millionen in dem betreffenden Zeitabschnitte höher sein müssen. Um so viel sind also die Bedürfnisse des Staates der normalen Steuerleistung vorausgeeilt; und dabei handelt es sich — was wohl zu beachten ist — lediglich um die inneren Staatsbedürfnisse, nicht um Reichszwecke, und es ist ferner dabei zu berücksichtigen, daß das Wachstum der Bedürfnisse deshalb noch geringer erscheint, als es in Wirklichkeit ist, weil bei dem Justizministerium die beim letzten

Landtage beschlossene Erhöhung der Gerichtskosten vorabgezogen ist.

Um die Lage eines Staatshaushaltes richtig zu beurteilen, genügt es aber nicht, die Endsummen der Bedürfnisse und Deckungsmittel in ihrer Entwicklung miteinander zu vergleichen. Man muß die einzelnen Quellen der letzteren, die einzelnen Zwecke der ersteren prüfen; man muß ferner prüfen, in welchem Maße in dem ordentlichen Staatshaushalte einmalige außerordentliche Ausgaben ihre Deckung gefunden haben, wie das außerordentliche Budget sich daneben entwickelt hat, wie die Überschüsse der einzelnen Perioden Verwendung gefunden haben, und wie der Staatskredit in Anspruch genommen worden ist. Da das Eisenbahnbudget in Sachsen immer noch vielfach als dasjenige angesehen wird, auf das man die steigenden Staatsbedürfnisse verweisen zu können glaubt, so erscheint es zweckmäßig, zunächst das Bild, welches das Wachstum dieser Staatsbedürfnisse zeigt, im einzelnen zu verfolgen.

# II. Die einzelnen Abteilungen im Etat der Zuschüsse.

## Lit. C. Allgemeine Staatsbedürfnisse und Lit. D. Gesamtministerium mit Dependenzen.

(Siehe Tabelle 3 S. 14.)

Die Entwicklung der in diesen Abschnitten vereinigten Kapitel wird, wie sofort ersichtlich, hauptsächlich beherrscht durch die beiden Kapitel 25: Verzinsung und 26: Tilgung der Staats-Finanzhauptkassenschulden. Die erstere hatte in der Periode 1892/93 ihren tiefsten Stand (in 1000 Mk.) mit 40 407 Mk. erreicht und ist in der laufenden Periode auf 59 896 Mk. veranschlagt, also in zehn Jahren um 19 500 000 Mk. oder nahezu 50 % gestiegen, während die Tilgung zwar gegen die Vorperioden bis 1894/95 etwas gestiegen ist, aber gegen die Tilgung in den Perioden 1890/91 und 1892/93 noch zurückbleibt. Es wird darauf später noch näher einzugehen sein. Ferner ist zu beachten, daß bei Kapitel 24: zum Königl. Hauptfideikommiß gehörige Sammlungen und 35: Hauptstaatsarchiv in den Perioden 1884/85 bis 1892/93 sich beträchtliche außerordentliche Ausgaben, namentlich der Umbau des Zeughauses, Einrichtung und Überführung der Skulpturen und der ethnographischen Sammlungen u. a. m., befinden, während die neueren Perioden solche außerordent-

Tabelle 3. **Allgemeine Staatsbedürfnisse und Gesamtministerium.** (In 1000 Mk.)

| Kapitel | 1880/81 | 1882/83 | 1884/85 | 1886/87 | 1888/89 | 1890/91 | 1892/93 | 1894/95 | 1896/97 | 1898/99 | Budget 1900/01 | Budget 1902/03 |
|---|---|---|---|---|---|---|---|---|---|---|---|---|
| 22. Zivilliste | 5 880 | 5 880 | 5 880 | 5 880 | 5 880 | 5 880 | 6 284 | 6 284 | 6 284 | 6 284 | 6 284 | 6 284 |
| 23. Apanagen | 637 | 633 | 621 | 796 | 783 | 863 | 984 | 1 206 | 1 177 | 1 298 | 1 272 | 1 170 |
| 24. Zum K. Hausfideikomm. gehörige Sammlungen | 440 | 442 | 1 206[1] | 643[3] | 948[4] | 1 247[5] | 1 418[6] | 878 | 1 033 | 1 234 | 1 430 | 1 422 |
| 25. Verzinsung d. Staats- und Finanzhauptkassenschulden | 47 303 | 46 482 | 45 378 | 44 361 | 44 468 | 42 799 | 40 407 | 43 459 | 45 188 | 47 384 | 53 508 | 59 896 |
| 26. Tilgung der Staatsschulden | 12 231 | 16 367 | 16 401 | 16 561 | 17 411 | 19 693 | 18 752 | 16 367 | 15 441 | 16 188 | 17 012 | 18 402 |
| 27. Auf den Staatskassen ruhende Jahresrenten | 789 | 812 | 813 | 814 | 814 | 814 | 814 | 814 | 814 | 814 | 814 | 814 |
| 28. Ablösung d. dem Domänen-Etat nicht angehörigen Lasten | 3,9 | 31 | 4,8 | 0,8 | 4 | 0,5 | 9 | 14 | 6 | 22 | 10 | 10 |
| 29. Landtagskosten | 270 | 226 | 287 | 301 | 302 | 279 | 317 | 274 | 336 | 437 | 330 | 388 |
| 30. Stenographisches Institut | 52 | 52 | 55 | 58 | 57 | 59 | 71 | 75 | 75 | 76 | 44 | 86 |
| 31. Allgemeine Regierungs- und Verwaltungskosten | 186 | 211 | 266 | 192 | 166 | 213 | 200 | 137 | 138 | 158 | 184 | 104 |
| 32. Gesamtministerium | 46 | 44 | 39 | 40 | 43 | 43 | 48 | 47 | 41 | 37 | 48 | 50 |
| 33. Kabinettskanzlei | 14 | 14 | 14 | 14 | 14 | 14 | 16 | 16 | 16 | 16 | 16 | 16 |
| 34. Ordenskanzlei | 15 | 17 | 21 | 34 | 56 | 71 | 79 | 57 | 73 | 88 | 78 | 78 |
| 35. Hauptstaatsarchiv | 84 | 92 | 700[2] | 89 | 100 | 111 | 145 | 129 | 134 | 133 | 138 | 140 |
| 36. Ober-Rechnungskammer | 141 | 142 | 143 | 168 | 191 | 212 | 250 | 250 | 258 | 260 | 258 | 316 |
| 37. Gesetz- u. Verordnungsblatt | — 3 | — 3 | — 0,6 | — 1 | 15 | 0,8 | 9 | — 0,1 | 0,3 | 10 | 1,1 | 7 |
| 36a. Oberverwaltungsgericht | — | — | — | — | — | — | — | — | — | — | — | 280 |
| | 68 093 | 71 449 | — | — | — | — | — | — | 71 020 | 74 447 | — | 89 368 |

[1]) Requisiten. Anbau an Gemäldegalerie 45 362 Mk. — Umbau des Zeughauses anteilig 704 500 Mk. [2]) Umbau des ehemaligen Zeughauses anteilig 610 800 Mk. [3]) Umbau des Zeughauses 92 000 Mk. [4]) Darunter a. o. 258 000 Mk. für die Einrichtung und Überführung der Skulpturensammlung und der ethnographischen Sammlung. [5]) Darunter a. o. 215 700 Mk. für verschiedene Herstellungen. [6]) Darunter a. o. 268 765 Mk. für Verschiedenes.

liche Ausgaben nicht enthalten. Auch davon später. Im übrigen sind die einzelnen Kapitel ziemlich stationär geblieben; die Veränderungen in den Kapiteln 22 und 23, die der außerordentliche Landtag bewilligt hat, sind in der Tabelle noch nicht eingetragen. Bekanntlich ist die Zivilliste auf 3 500 000 Mk. bis zum Beginne des Jahres 1904 und von da ab zur Gewährung von Wohnungsgeldzuschüssen an die Hofbeamten um weitere 50 000 Mk. erhöht worden. Die hierdurch sowie durch das Wittum der Königin-Witwe und andere Veränderungen in der Apanage entstandenen Mehrbedürfnisse sind aus dem Reservefonds Kapitel 110 gedeckt worden, der sich dadurch von 811 265 Mk. auf 370 490 Mk. gemeinjährig ermäßigt hat. Neu hinzugetreten ist der Oberverwaltungsgerichtshof. Im Verhältnis zu der ersten Periode 1880/81 beträgt der Zuwachs dieser beiden Abteilungen in 1000 Mk. bis zum Haushaltsplan 1902/03 21 275 Mk. (68 093 Mk. auf 89 368 Mk.), also 31,2 % oder durchschnittlich für die Periode 3,12 %, wobei aber nicht außer acht zu lassen ist, daß in der Mitte des Zeitraumes eine Abminderung der Zinsenlast um rund 7 000 000 Mk. stattgefunden hatte.

## Lit. E. Departement der Justiz.

Es würde ein ganz unvollkommenes Bild geben, wenn man dieses Departement lediglich nach der Höhe der im Laufe des Zeitabschnittes erforderlich gewordenen Zuschüsse aus dem allgemeinen Staatshaushalt beurteilen wollte. Da das Budget im Gesamtbudget als Nettobudget erscheint und über große, wachsende Einnahmen verfügt, so erschien es von Interesse, die einzelnen Perioden nach Einnahmen und Ausgaben zu zerlegen und unter den letzteren wieder die persönlichen von den sachlichen zu trennen. Demgemäß sind in Tabelle 4 (S. 16) die Kapitel 38—41 des Staatshaushaltplans

Tabelle 4. (In 1000 Mk.)

| Periode | Justizministerium | | | | Oberlandesgericht und Staatsanwaltschaft | | | | Land- und Amtsgerichte, Staatsanwaltschaft | | | | Allgem. Ausgaben | Summe | | | | |
|---|---|---|---|---|---|---|---|---|---|---|---|---|---|---|---|---|---|---|
| | Einnahmen | Ausgaben | | Zuschuß | Einnahmen | Ausgaben | | Zuschuß | Einnahmen | Ausgaben | | Zuschuß | | Einnahmen | Ausgaben | | Zuschuß | Gegen die Vorperiode |
| | | persönliche | sachliche | | | persönliche | sachliche | | | persönliche | sächliche | | | | persönliche | sachliche | | |
| 1880/81 | 77 | 362 | 99 | 384 | 74 | 669 | 26 | 651 | 15 401 | 12 166 | 7 705 | 4 410 | 34 | 15 552 | 13 197 | 7 864 | 5 479 | — |
| 1882/83 | 46 | 372 | 48 | 373 | 21 | 640 | 20 | 638 | 14 303 | 12 082 | 7 414 | 5 193 | 16 | 14 307 | 13 094 | 7 472 | 6 220 | + 741 |
| 1884/85 | 131 | 376 | 45 | 289 | 15 | 616 | 23 | 624 | 12 183 | 12 047 | 5 703 | 5 566 | 7 | 12 329 | 13 039 | 5 778 | 6 479 | + 259 |
| 1886/87 | 85 | 388 | 31 | 334 | 21 | 669 | 24 | 672 | 12 614 | 12 119 | 6 059 | 5 563 | 99 | 12 720 | 13 176 | 6 213 | 6 569 | + 98 |
| 1888/89 | 169 | 379 | 43 | 252 | 15 | 673 | 27 | 685 | 13 706 | 12 231 | 6 507 | 5 104 | 45 | 13 890 | 13 283 | 6 622 | 6 086 | — 483 |
| 1890/91 | 49 | 423 | 35 | 409 | 28 | 679 | 28 | 678 | 14 924 | 13 023 | 10 179[1] | 8 278 | 3 | 15 001 | 14 125 | 10 245[1] | 9 368 | + 3282 |
| 1892/93 | 60 | 490 | 43 | 472 | 25 | 729 | 33 | 737 | 15 770 | 15 054 | 7 102 | 6 386 | 2 | 15 855 | 16 273 | 7 180[2] | 7 597 | — 1772 |
| 1894/95 | 83 | 494 | 53 | 464 | 35 | 804 | 43 | 811 | 16 778 | 15 424 | 7 154 | 5 801 | 1 | 16 895 | 16 722 | 7 251 | 7 077 | — 520 |
| 1896/97 | 5 | 492 | 42 | 538 | 51 | 814 | 57 | 819 | 16 460 | 16 037 | 4 857 | 4 434 | 2 | 16 516 | 17 343 | 4 958 | 5 791 | — 1286 |
| 1898/99 | 3 | 480 | 49 | 525 | 61 | 824 | 64 | 827 | 18 645 | 17 256 | 5 479 | 4 090 | 2 | 18 709 | 18 560 | 5 594 | 5 442 | — 349 |
| Budget | | | | | | | | | | | | | | | | | | |
| 1900/01 | 2,8 | 534 | 54 | 588 | 54 | 954 | 60 | 898 | 16 960 | 18 444 | 5 310 | 6 794 | 24 | 17 016 | 19 932 | 5 448 | 8 306 | + 2844 |
| 1902/03 | 2,8 | 524 | 54 | 578 | 54 | 1012 | 62 | 1018 | 21 160 | 19 904 | 5 590 | 4 334 | 24 | 21 218 | 21 440 | 5 730 | 5 956 | — 2350 |

[1]) Hierunter 2 917 000 Mk. für Neubau eines Amtsgerichtsgebäudes in Dresden. [2]) Hierunter 561 000 Mk. für Neu- und Umbauten bei Amtsgerichten 2c.

zusammengestellt, und ist die Summe aus diesen Kapiteln gewonnen. Das Ergebnis läßt sich im wesentlichen dahin zusammenfassen (immer in 1000 Mk.), daß die Einnahmen, nachdem sie in den Jahren von 1880—1887 von 15552 Mk. auf 12720 Mk. zurückgegangen waren, sich von da an rasch und regelmäßig gehoben haben, auf 18709 Mk. in der Periode 1898/99. Die Erhöhung auf 21218 Mk. in der Periode 1902/3, die ja zunächst erst budgetiert ist, erscheint etwas sprunghaft gegen 1900/01, wo nur 17016 Mk. veranschlagt sind, beruht aber auf der im letzten Landtage beschlossenen Erhöhung der Gerichtskosten mit einer auf 2800 Mk. veranschlagten Wirkung. Eine größere Steigerung aber haben die persönlichen Ausgaben von der Periode von 1888/89 ab erfahren; sie sind von 13283 Mk. auf 18560 Mk. in der Periode 1898/99, also um 5250 Mk. in zehn Jahren gestiegen, und sind für die Periode 1902/03 auf 21440 Mk., also um weitere 3000 Mk. höher eingestellt; vom nächsten Budget an werden dazu die Wohnungsgeldzuschüsse kommen, außer der gewöhnlichen Vermehrung des Bedürfnisses. Dagegen sind die sachlichen Ausgaben zurückgeblieben; in der Periode 1880/81 mit 7864 Mk. anfangend sind sie in der Periode 1890/91 infolge des Baues des Dresdener Amtsgerichtes auf 10245 Mk. gestiegen und dann zurückgegangen. Für 1902/03 sind nur 5956 Mk. budgetiert, also über 2000 Mk. weniger, als in der Periode 1880/81 verausgabt worden sind. Es hängt dies damit zusammen, daß einmalige größere Ausgaben, die früher der ordentliche Etat trug, in den außerordentlichen Etat verwiesen worden sind, wie denn auch der letzte Landtag noch 450000 Mk. für Bauten bei verschiedenen Amtsgerichten auf den außerordentlichen Etat aus dem Ordinarium übertragen hat. Im ganzen kann man also auch bei diesem Departement sich der Wahrnehmung nicht verschließen, daß die persönlichen Ausgaben in einer schärferen

Progression wachsen als die ordentlichen Einnahmen. Eine empfindlichere Rückwirkung auf das Gesamtbudget hat man bisher nur dadurch vermieden, daß man in den sachlichen Ausgaben die frühere Gepflogenheit und Möglichkeit, aus dem Ordinarium größere Bauten zu bestreiten, mehr und mehr hat aufgeben müssen, und daß man neuerdings zu einer Erhöhung der Steuern in der Form erhöhter Gerichtskosten geschritten ist. Das letztere Mittel hat seine Grenzen, das erstere ist bedenklich — davon später eingehender —; man wird also, wenn die Progression bei den persönlichen Ausgaben so fortschreitet wie bisher, auch von diesem Departement erhöhte Ansprüche an das Gesamtbudget zu erwarten haben.

## Lit. F. Departement des Innern.

Das Departement des Innern umfaßt ein sehr mannigfaltiges Gebiet staatlicher Verwaltungs- und Kulturaufgaben, und es ist deshalb von besonderem Interesse, die Entwicklung der staatlichen Bedürfnisse bei diesem Ministerium zu verfolgen. In der aufgestellten Tabelle 5 (S. 20—23) sind zu diesem Zwecke die einzelnen Kapitel nach den Rechnungen von 1880/81 bis 1898/99 und nach den Staatshaushaltplänen für 1900/01 und 1902/03 zusammengestellt. Hierzu ist zu bemerken, daß die Anordnung und Bezifferung der Kapitel während des betreffenden Zeitabschnittes mehrfach gewechselt haben; der Tabelle ist die Anordnung zu Grunde gelegt, nach der der Staatshaushalt von und mit der Periode 1882/83 aufgestellt ist; die Ziffern der vorhergehenden Periode sind in Parenthese beigefügt; leider ist von der Periode 1900/01 an wieder eine veränderte Einteilung befolgt worden: es sind verschiedene Kapitel zusammengezogen worden und an andere Stellen gerückt; in der Tabelle ist aber die Anordnung, die in den bisher abgelegten Rechnungen befolgt worden ist, auch für die beiden Staatshaushaltpläne 1900/03 beibehalten worden; bei der Vergleichung mit der Periode 1880/81 sind aber dann auch für diese die Kapitel zusammengezogen worden, welche in dem neuen Schema vereinigt sind.

Wie oben in Tabelle 1 (S. 6) beim allgemeinen Überblicke bereits nachgewiesen, ist (in 1000 Mk.) der Zuschuß bei dem Ministerium des Innern von 14411 Mk. auf 29806 Mk., also um rund 15400 Mk. oder 107 % gestiegen; das gibt im 24 jährigen Durchschnitt 4,46 % jährlich. Dabei fällt aber auch hier noch ungünstig ins Gewicht, daß im Anfange und im Laufe des betreffenden Zeitabschnittes viele größere einmalige Ausgaben im ordentlichen Budget enthalten sind; die größeren sind in den Anmerkungen aufgeführt, und mag hier nur besonders noch auf die Dresdner Kunstakademie, die Leipziger Kunstakademie ꝛc. aufmerksam gemacht werden. Es ist sogar möglich gewesen, 6000000 Mk. für Wasserschäden in der Periode 1896/97 aus dem Ordinarium zu decken, während im laufenden Budget 1902/03 derartige außerordentliche Ausgaben nicht enthalten sind. Zu einer Prüfung der Frage, welche Kulturaufgaben des Ministeriums an der Steigerung den hauptsächlichen Anteil haben, empfiehlt es sich, die einzelnen Kapitel zu größeren Gruppen zusammenzufassen. Es ist hierzu im nachstehenden der Versuch gemacht worden. Man kann dabei über die Zuteilung des einzelnen Kapitels zu der einen oder anderen Gruppe verschiedener Ansicht sein, doch wird etwas Wesentliches darauf nicht ankommen.

Tabelle 5. **Zuschüsse beim**

| Kapitel | 1880/81 | 1882/83 | 1884/85 | 1886/87 |
|---|---|---|---|---|
| 42 (21). Ministerium und Kanzlei | 665 | 679 | 689 | 729 |
| 43 (22). Kreishauptmannschaften | 549 | 552 | 596 | 612 |
| 44 (23). Amtshauptmannschaften | 1512 | 1385 | 1604 | 1525 |
| 45 (24 III a). Kunstakademie und Kunstgewerbeschule in Leipzig | 64 | 80 | 76 | 1083 [1] |
| 45 a (24 III b). Kunstgewerbeschule u. K. Gew.-Museum in Dresden | 251 | 277 | 264 | 294 |
| 45 b (24 IV). Technische Lehranstalten, Chemnitz | 279 | 286 | 297 | 296 |
| 45 c (24 V) Baugewerkenschulen | 145 | 150 | 157 | 162 |
| 45 d. Industrieschule zu Plauen | — | — | — | — |
| 45 e (24 VI). Landwirtschaftliche, Gewerbe- und Handelsschulen | 269 | 312 | 333 | 440 |
| 45 f. Gratifikation 2c. an Lehrer und Beamte solcher Schulen und Pensionen | — | 3 | 11 | 27 |
| 45 g (24 I und II). Allgemeine Ausgaben für Gewerbe und Landwirtschaft | 360 | 365 | 396 | 884 [3] |
| 46 (25). Landstallamt Moritzburg | 257 | 273 | 291 | 277 |
| 47 (38 III). Botanischer Garten | 27 | 29 | 31 | 30 |
| 47 a. Landwirtschaftl. Versuchsstation Möckern | — | 47 | 46 | 50 |
| 47 b. Meteorologisches Institut | 31 | 50 | 66 | 72 |
| 48 (27). Aufsicht über Gewerbe und Dampfkesselanlagen und Steinbrüche | 72 | 87 | 91 | 94 |
| 49 (28. 31). Berichtigungen, Meßarbeiten, Wege-, Wasser- und Uferbauunterstützungen | 650 | 405 | 403 | 440 |
| 50 (29). Ober-Eichungskommission | 9 | 10 | 10 | 9 |
| 50 a. Staatseichämter | — | — | 2 | 2 |
| 51. Technische Deputation | 9 | 18 | 18 | 16 |
| 52. Unfall- und Invalidenversicherung | — | — | — | — |
| 53 (32). Gendarmerieanstalt | 1369 | 1379 | 1376 | 1372 |
| 54 (33). Polizeidirektion Dresden | 980 | 1112 | 1110 | 1153 |
| 55 (34). Anteilige Kosten des Polizeiamts zu Leipzig | 68 | 70 | 75 | 77 |
| 56 (35). Lebensrettungen und Auffindung von Leichen | 4 | 4 | 4 | 4 |
| 57 (36). Sicherheits- und Preßpolizeiangelegenheiten | 18 | 19 | 9 | 12 |
| 58 (37). Schubtransportkosten | 4 | 4 | 10 | 9 |
| 59 (38 I). Frauenklinik und Hebammenanstalt zu Dresden | 121 | 138 | 153 | 320 |
| 59 a (38 II). Hausinspektion der medizin. Gebäude 2c. | 12 | 24 | 21 | 24 |
| 59 b (38 V). Landes-Medizinalkollegium | 96 (59 b und 59 c zusammen) | 76 | 80 | 79 |
| 59 c (38 V). Zentralstelle für öffentliche Gesundheitspflege | | 18 | 17 | 17 |
| 59 d (38 VI). Für Krankenbetten zum Ersatz der Kliniken der Chir. med. Akademie | 21 | 21 | 21 | 21 |
| 59 e (38 VII). Ambulante Kliniken, Polikliniken | 4 | 4 | 4 | 4 |
| 59 f (38 VIII). Prämien und Unterstützung von Hebammen | 1 | 1 | 2 | 2 |

**Departement des Innern.** (In 1000 Mk.)

| 1888/89 | 1890/91 | 1892/93 | 1894/95 | 1896/97 | 1898/99 | Budget 1900/01 | Budget 1902/03 | Zu- oder Abnahme v. 1880/81 zu 1902/03 |
|---|---|---|---|---|---|---|---|---|
| 725 | 766 | 917 | 930 | 991 | 1006 | 1116 | 1162 | + 497 |
| 647 | 693 | 834 | 855 | 859 | 920 | 3632 | 4060 | +1999 |
| 1505 | 1918[10] | 2084 | 2122 | 2114 | 2270 | | | |
| 448[2] | 186 | 179 | 164 | 180 | 182 | 835 inkl. 45 d | 814 inkl. 45 d | + 499 |
| 275 | 269 | 292 | 304 | 326 | 345 | | | |
| 295 | 342 | 463 | 391 | 413 | 503 | 526 | 577 | + 298 |
| 162 | 161 | 434 | 189 | 227 | 274 | 342 | 342 | + 197 |
| 537[13] | 120 | 170 | 144 | 157 | 192 | bei 45 | bei 45 | — |
| 440 | 440 | 483 | 515 | 595 | 698 | 1735 | 2026 | +1397 |
| 25 | 26 | 26 | 27 | 22 | 23 | | | |
| 683 | 601 | 643 | 622 | 728 | 739 | | | |
| 331 | 335 | 358 | 338 | 339 | 379 | 418 | 416 | 159 |
| 531[8] | 180 | 103 | 169 | 117 | 124 | 128 | 130 | 103 |
| 53 | 53 | 46 | 64 | 72 | 81 | 94 | 90 | 90 |
| 72 | 74 | 74 | 75 | 81 | 81 | 90 | 95 | 64 |
| 105 | 106 | 214 | 211 | 218 | 210[16] | 280 | 259 | 187 |
| 647 | 797 | 700 | 700 | 900 | 1100 | 1200 | 1350 | 700 |
| 11 | 9 | 10 | 10 | 9 | 14 | 15 | 72 | 63 |
| 2 | — 2 | — 28 | — 112 | — 164 | — 158 | | | |
| 18 | 20 | 24 | 23 | 23 | 26 | 28 | 28 | 19 |
| 35 | 47 | 58 | 66 | 74 | 82 | 84 | 105 | 105 |
| 1375 | 1436 | 1560 | 1776 | 1859 | 1886 | 2050 | 2050 | 681 |
| 1167 | 1273 | 1843 | 1990 | 2003 | 2413 | 2758 | 2929 | 1949 |
| 86 | 142 | 160 | 171 | 175 | 186 | 190 | 270 | 176 |
| 4 | 4 | 5 | 5 | 6 | 6 | 6 | | |
| 15 | 19 | 19 | 27 | 10 | 8 | 16 | | |
| 7 | 10 | 14 | 13 | 11 | 13 | 12 | | |
| 214 | 196 | 215 | 230 | 366 | 241 | 270 | 304 | 183 |
| 27 | 22 | 19 | 27 | 6 | 15 | 12 | 11 | — 1 |
| 89 | 92 | 101 | 103 | 103 | 120 | 124 | 123 | + 137 |
| 23 | 17 | 19 | 29 | 44 | 36 | 108 | 110 | |
| 19 | 19 | 17 | 16 | 16 | 18 | 29 | 29 | + 3 |
| 5 | 4 | 6 | 6 | 6 | 6 | | | |
| 2 | 2 | 2 | 4 | 12 | 37 | — | — | — |

Tabelle 5 (Fortsetzung).

| | 1880/81 | 1882/83 | 1884/85 | 1886/87 |
|---|---|---|---|---|
| 60 (39). Kommission für Veterinärwesen, tierärztliche Hochschule | 110 | 109 | 156 | 430[4] |
| 61 (40). Bezirks-Medizinal- und Veterinärbeamte | 345 | 342 | 350 | 358 |
| 62 (41). Allgem. medizin. und veterinärpolizeiliche Zwecke und Veranstaltungen | 102 | 94 | 104 | 138 |
| 63 (42). Beiträge für einige andere Anstalten | 321 | 91 | 84 | 435[7] |
| 64 (43). Feuerwehrfonds | 60 | 60 | 60 | 60 |
| 65 (44). Landarmenwesen | 849 | 936 | 1014 | 1088 |
| 66 (45). Grenzregulierungen | 10 | 5 | 15 | 7 |
| 67 (46). Beurkundung des Personenstands | 13 | 12 | 15 | 15 |
| 68 (47). Militärersatz und sonstige Militärangelegenheiten | 75 | 75 | 83 | 88 |
| 69 (48). Akademie der bild. Künste, Dresden | 167 | 176 | 1772[5] | 1486[6] |
| 69a (48). Kunstzwecke im allgemeinen | 128 | 134 | 170 | 155 |
| 70 (49). Landesanstalten | 4098 | 4057 | 5299 | 3732 |
| 71 (50). Statistisches Bureau | 236 | 182 | 272 | 281 |
| 71a. Dresdner Journal | — | — | — | — |
| 72 (51). Allgemeine Ausgaben | 28 | 24 | 29 | 24 |
| Staatliche Schlachtviehversicherung | — | — | — | — |
| Prüfungsanstalt für elektro-techn. Meßgeräte | — | — | — | — |

[1]) und [2]) Hierunter außerordentlich Neubau der Kunstakademie in Leipzig. [3]) Hierunter 400000 Mk. a. o. für Erwerbung der Klemmschen Sammlung für das Buchgewerbemuseum in Leipzig. [4]) Hierunter a. o. Neubauten in der Tierarzneischule. [5]) und [6]) Hierunter a. o. 1600000 Mk. und bez. 1300000 Mk. für Neubau der Kunstakademie in Dresden. [7]) Hierunter a. o. 130000 Mk. an die Diakonissenanstalt in Dresden zum Bau eines neuen Krankenhauses. [8]) Hierunter a. o. 500000 Mk. für Verlegung des botanischen Gartens. [9]) Hierunter a. o. 289475 Mk. für Wasserschäden und 300000 Mk. für das Carolakrankenhaus. [10]) Hierunter a. o. 200000 Mk. für Erwerbung eines Dienstgrundstückes für die Amtshauptmannschaft Zwickau. [11]) Hierunter a. o. 267000 Mk.

## I. Ministerium, Kreis- und Amtshauptmannschaften. Allgemeine Verwaltungsaufgaben.

| | Zunahme | Abnahme |
|---|---|---|
| | in 1000 Mk. | |
| Kap. 42. Ministerium | 497 Mk. | — Mk. |
| Kap. 43 und 44. Kreis- und Amtshauptmannschaften | 1999 „ | — „ |
| Kap. 50 und 50a. Eichungskommission, Staatseichämter | 63 „ | — „ |
| Kap. 51. Technische Deputation | 19 „ | — „ |
| Kap. 52. Unfall- u. Invalidenversicherung | 105 „ | — „ |
| Übertrag | 2683 Mk. | — Mk. |

| 1888/89 | 1890/91 | 1892/93 | 1894/95 | 1896/97 | 1898/99 | Budget 1901/01 | Budget 1901/02 | Zu- oder Abnahme v. 1880/81 zu 1902/03 |
|---|---|---|---|---|---|---|---|---|
| 97 | 151 | 152 | 144 | 177 | 209 | 257 | 310 | 200 |
| 376 | 386 | 423 | 430 | 426 | 525 | 881 | 896 | 449 |
| 136 | 130 | 228 | 139 | 193 | 212 | | | |
| 685[9] | 622[11] | 121 | 108 | 6408[15] | 326 | 378 | 288 | — 93 |
| 60 | 60 | 60 | 60 | 60 | 60 | | | |
| 1061 | 1091 | 1351 | 1466 | 1573 | 1612 | 1600 | 1700 | + 851 |
| 9 | 13 | 35 | 16 | 14 | 12 | 20 | 20 | + 10 |
| 16 | 16 | 19 | 18 | 19 | 43 | 20 | 20 | + 7 |
| 107 | 108 | 119 | 122 | 167 | 157 | 160 | 160 | + 85 |
| 182 | 1004[12] | 1043[14] | 239 | 283 | 315 | 349 | 418 | + 251 |
| 149 | 143 | 125 | 158 | 222 | 168 | 281 | 262 | + 134 |
| 5645 | 7568 | 7164 | 4807 | 5353 | 7314 | 6912 | 7222 | +3124 |
| 251 | 274 | 279 | 246 | 250 | 316 | 184 | 382 | + 146 |
| 78 | 110 | 108 | 104 | 119 | 110 | 118 | 101 | + 101 |
| 24 | 20 | 16 | 20 | 26 | 30 | 30 | 30 | + 5 |
| — | — | — | — | — | — | 574 | 607 | + 607 |
| — | — | — | — | — | — | — | 20 | + 20 |

für das Kreiskrankenstift Zwickau, 150 000 Mk. für das Krankenhaus der Diakonissenanstalt Dresden. [12]) Hierunter a. o. 815 500 Mk. für die Kunstakademie Dresden. [13]) Hierunter a. o. 537 400 Mk. für den Neubau einer Schule in Plauen. [14]) Hierunter a. o. 830 000 Mk. für die Kunstakademie in Dresden. [15]) Hierunter a. o. 320 000 Mk. für das Kreiskrankenstift Zwickau, 6 000 000 Mk. für Wasserschäden. [16]) Der rechnungsmäßige Zuschuß beträgt eigentlich nur 88 736 Mk., da infolge veränderter Einrichtung im Jahre 1899 eine Gebühreneinnahme von 2 Jahren erscheint; der Vergleichbarkeit wegen ist die Einnahme eines Jahres schätzungsweise ausgeschieden.

| | Zunahme in 1000 Mk. | Abnahme in 1000 Mk. |
|---|---|---|
| Übertrag | 2683 Mk. | — Mk. |
| Kap. 66. Grenzregulierung . . . . | 10 „ | — „ |
| Kap. 67. Beurkundung des Personenstandes | 7 „ | — „ |
| Kap. 68. Militärersatz . . . . . | 85 „ | — „ |
| Kap. 71. Statistisches Bureau . . . | 146 „ | — „ |
| Kap. 71a. Dresdner Journal . . . | 101 „ | — „ |
| Kap. 72. Allgemeine Ausgaben . . | 5 „ | — „ |
| Prüfungsanstalt für elektrischtechnische Meßgeräte . . . . | 20 „ | — „ |
| | 3057 Mk. | — Mk. |

## II. Lehranstalten und Kunstzwecke.

| | Zunahme in 1000 Mk. | Abnahme in 1000 Mk. |
|---|---|---|
| Kap. 45 und 45 a, 45 d. Kunstakademie u. Kunstgewerbeschule in Leipzig, Kunstgewerbeschule und Kunstgewerbe-Museum in Dresden, Industrieschule in Plauen . . | 499 Mk. | — Mk. |
| Kap. 45 b. Technische Lehranstalten in Chemnitz . . . . . . . . . | 298 „ | — „ |
| Kap. 45 c. Baugewerkenschulen . . | 197 „ | — „ |
| Kap. 45 e, 45 f, 45 g. Landwirtschaftliche, gewerbliche und Handelsschulen, Gratifikationen an Lehrer solcher Schulen, allgemeine Ausgaben für Gewerbe und Landwirtschaft | 1397 „ | — „ |
| Kap. 69. Akademie der bild. Künste in Dresden . . . . . . . | 251 „ | — „ |
| Kap. 69 a. Kunstzwecke im allgemeinen | 134 „ | — „ |
| | 2776 Mk. | — Mk. |

## III. Allgemeine Förderung von Landwirtschaft, Industrie, Gewerbe und Verkehr.

| | | |
|---|---|---|
| Kap. 46. Landstallamt Moritzburg . | 159 Mk. | — Mk. |
| Kap. 47. Botanischer Garten . . . | 103 „ | — „ |
| Kap. 47 a. Landwirtschaftl. Versuchsstation Möckern . . . . . . | 90 „ | — „ |
| Kap. 47 b. Meteorologisches Institut | 64 „ | — „ |
| Kap. 48. Aufsicht über Gewerbe- und Dampfkesselanlagen und Steinbrüche . . . . . . . . . | 187 „ | — „ |
| Kap. 49. Berichtigung von Wasserläufen, Wege-, Wasser- und Uferbauunterstützungen . . . | 700 „ | — „ |
| | 1303 Mk. | — Mk. |

## IV. Sicherheitspolizei.

| | Zunahme in 1000 Mk. | Abnahme in 1000 Mk. |
|---|---|---|
| Kap. 53. Gendarmerieanstalt . . . | 681 Mk. | — Mk. |
| Kap. 54. Polizeidirektion Dresden . | 1949 „ | — „ |
| Kap. 55—58. Anteilige Kosten des Polizeiamts Leipzig, Lebensrettungen und Auffindung von Leichen, Sicherheits- und Preßpolizeiangelegenheiten, Schubtransporte . . . . . . . . | 176 „ | — „ |
| | 2806 Mk. | — Mk. |

## V. Medizinische, veterinäre und hygieinische Zwecke.

| | | |
|---|---|---|
| Kap. 59. Frauenklinik u. Hebammenanstalt in Dresden . . . . | 183 Mk. | — Mk. |
| Kap. 59a, 59b, 59c. Hausinspektion der medizinischen Gebäude u. Landes-Medizinalkollegium, Zentralstelle für öffentliche Gesundheitspflege | 136 „ | — „ |
| Kap. 59d, 59e, 59f. Für Krankenbetten zum Ersatz der Kliniken der chirurg.-mediz. Akademie, ambulanten Kliniken, Polikliniken, Prämien u. Unterstützungen für Hebammen . . . . . . . | 3 „ | — |
| Kap. 60. Kommission für Veterinärwesen, tierärztliche Hochschule . | 200 „ | — „ |
| Kap. 61 und 62. Bezirks-Medizinal- u. Veterinärbeamte, allgemeine medizin. u. veterinärpolizeiliche Zwecke und Veranstaltungen . | 449 „ | — „ |
| Übertrag | 971 Mk. | — Mk. |

| | Zunahme | Abnahme |
|---|---|---|
| | in 1000 Mk. | |
| Übertrag | 971 Mk. | — Mk. |
| Kap. 63 und 64. Beiträge für einige andere Anstalten, Feuerwehrfonds . . . . . . . . . . | — „ | 93 „ |
| Staatl. Schlachtviehversicherung | 607 „ | — „ |
| | 1578 Mk. | |
| | — 93 „ | |
| | 1485 Mk. | |

VI. Landarmenwesen und Landesanstalten.

| | Zunahme | Abnahme |
|---|---|---|
| Kap. 65. Landarmenwesen . . . . | 851 Mk. | — Mk. |
| Kap. 70. Landesanstalten . . . . . | 3124 „ | — „ |
| | 3975 Mk. | — Mk. |

Wiederholung.

| | |
|---|---|
| Gruppe I . . . . . . . | 3057 Mk. |
| „ II . . . . . . . | 2776 „ |
| „ III . . . . . . . | 1303 „ |
| „ IV . . . . . . . | 2806 „ |
| „ V . . . . . . . | 1485 „ |
| „ VI . . . . . . . | 3975 „ |
| | 15402 Mk. |

(Die geringe Differenz gegen die aus der allgemeinen Übersichtstabelle sich ergebende Steigerung von 15395 Mk. erklärt sich wohl aus der Nichtberücksichtigung der drei letzten Stellen.)

An der Steigerung von rund 15400 Mk. nehmen also teil:

| | |
|---|---|
| Gruppe I mit . . . . . | 19,85 % |
| „ II „ . . . . . | 18,02 % |
| „ III „ . . . . . | 8,46 % |
| „ IV „ . . . . . | 18,22 % |
| „ V „ . . . . . | 9,64 % |
| „ VI „ . . . . . | 25,81 % |
| | 100,00 % |

Den Hauptanteil haben hiernach das Landarmenwesen und die Landesanstalten; es folgen die behördlichen Organe, dann die Sicherheitspolizei, und hier wieder fällt der Löwenanteil auf die Polizeidirektion Dresden; dann die Lehranstalten und Kunstzwecke und endlich die allgemeine Förderung von Landwirtschaft, Industrie, Gewerbe und Verkehr. Diese Gruppen lassen zugleich erkennen, daß eine wesentliche Ersparnis bei dem Ministerium des Innern kaum zu erzielen sein wird. Da in den Ausgaben der letzten Perioden fast gar keine außerordentlichen stecken, so wird man wohl schon befriedigt sein müssen, wenn es gelingt, das Tempo, in dem die Steigerung eingetreten ist, etwas zu ermäßigen. Es wäre vielleicht möglich gewesen, das Hinaufschrauben der Ausgaben bei manchen Kapiteln etwas zurückzuhalten, wie z. B. bei der Polizeidirektion Dresden, aber nachdem der ordentliche Etat die Höhe erreicht hat, die der Haushaltplan für 1902/03 nachweist, wird ein Zurückgehen nur in beschränktem Maße möglich sein. Das einzige Kapitel, das von der jeweiligen freien Entschließung abhängt, ist Kapitel 49, die Unterstützungen für Wegebau rc., aber hier würde freilich eine Einschränkung auf Kosten der wegebaupflichtigen Gemeinden und Besitzer gehen; anderseits hängt namentlich die Gruppe VI von dem freien Willen der staatlichen Organe nur wenig ab, und gerade hier scheint man es noch mit einem fortwährenden starken Anschwellen der Bedürfnisse zu tun zu haben.

### Lit. G. Departement der Finanzen.

(Siehe Tabelle 6 S. 28.)

Die Steigerungen bei diesem Departement fallen absolut am meisten ins Gewicht bei Kapitel 73: Finanzministerium, Kapitel 79: Straßen- und Wasserbauverwaltung, Kapitel 80: Hochbauverwaltung. Die Steigerung bei Kapitel 77a ist

Tabelle 6. **Zuschüsse beim Departement der Finanzen.** (In 1000 Mk.)

| Kapitel | 1880/81 | 1882/83 | 1884/85 | 1886/87 | 1888/89 | 1890/91 | 1892/93 | 1894/95 | 1896/97 | 1898/99 | Budget 1900/01 | Budget 1902/03 | Zu- oder Abnahme v. 1880/81 zu 1902/03 |
|---|---|---|---|---|---|---|---|---|---|---|---|---|---|
| 73. Finanzministerium mit Dependenzen | 1 436 | 1 425 | 1 452 | 1 413 | 1 451 | 4 447[1]) | 3 169[2]) | 1 681 | 1 790 | 2 030 | 2 086 | 2 098 | + 662 |
| 74. Verwaltung der Staatsschulden | 230 | 257 | 263 | 231 | 263 | 272 | 258 | 306 | 240 | 292 | 300 | 306 | + 76 |
| 75. Großer Garten | 58 | 49 | 52 | 51 | 49 | 543[3]) | 130 | 181 | 163 | 199 | 158 | 145 | + 87 |
| 76. Forstakademie Tharandt | 109 | 100 | 176[4]) | 126 | 105 | 124 | 143 | 133 | 129 | 139 | 148 | 155 | + 46 |
| 77. Bergakademie Freiberg | 177 | 153 | 153 | 286[5]) | 167 | 167 | 178 | 168 | 168 | 226 | 194 | 147 | — 30 |
| 77 a. Allgem. Ausgaben für Bergbau (früh. Kap. 11 A) | — | — | — | — | 346 | 364 | 466[6]) | 409 | 430 | 479 | 576 | 534 | + 534 |
| 78. Land-Landeskultur- und Altersrentenbank | 45 | 66 | 94 | 162 | 204 | 185 | 188 | 192 | 185 | 186 | 202 | 202 | + 157 |
| 79 (59 und 80). Straßen- u. Wasserbauverwaltung | 7 650 | 7 396 | 8 432 | 8 968 | 9 298 | 9 770 | 10 314[7]) | 9 413 | 10 660 | 10 065 | 10 044 | 10 449 | +2 709 |
| 80 (81). Hochbauverwaltung | 222 | 242 | 285 | 279 | 311 | 338 | 447 | 490 | 547 | 671 | 1 064 | 1 049 | + 827 |
| 81 (82). Bauverwaltereien | 167 | 166 | 147 | 149 | 142 | 145 | 155 | 154 | 166 | 171 | 186 | 186 | + 19 |
| 82. Albrechtsburg in Meißen | — | — | — | 2 | 5 | — 1,3 | 1,4 | 1 | 15 | 9 | 5 | 0,4 | + 0,4 |
| 83. Verschied. bauliche Zwecke | 27 | 43 | 44 | 20 | 3 015[8]) | 26 | 26 | 21 | 26 | 30 | 33 | 43 | + 16 |
| 84. Allgem. technische Zwecke | 13 | 16 | 13 | 13 | 33 | 34 | 63 | 34 | 18 | 26 | 40 | 39 | + 26 |
| 85. Rechtliche Verteidigung der fiskal. Gerechtsame | 18 | 18 | 8 | 11 | 8 | 1 | 3 | 3 | 5 | 4 | 6 | 6 | — 12 |
| 86. Allgemeine Ausgaben | 4 | 3 | 3 | 0,1 | 0,1 | 0,1 | 0,1 | 0,1 | 0,2 | 0,1 | 4 | 4 | — |
| 87. Für Brandversicherungsbeiträge | 335 | 323 | 322 | 334 | 293 | 359 | 451 | 386 | 402 | 504 | 572 | 610 | + 275 |

[1]) Hierunter a. o. 2 500 000 Mk. zum Neubau des Finanzministeriums, 454 000 Mk. zur Erwerbung mehrerer Hausgrundstücke behufs Erweiterung des Land- und vormals Schneiderschen Hauses. [2]) Hierunter a. o. 1 400 000 Mk. zum Neubau des Finanzministeriums und 75 000 Mk. zu Straßenanlagen dabei. [3]) Hierunter a. o. 60 000 Mk. zur Herstellung einer Bewässerungsanlage, 416 000 Mk. für Arealerwerb behufs Erweiterung. [4]) Hierunter a. o. 80 000 Mk. für Erweiterung der Räumlichkeiten und Mobiliar. [5]) Hierunter a. o. 122 000 Mk. zum Neubau für Eisenhüttenkunde ꝛc. [6]) Hierunter a. o. 72 000 Mk. zum Bau der Bergschule in Freiberg und Mobiliar. [7]) Hierunter a. o. 1 755 962 Mk. zum Neubau der Elbbrücke Loschwitz-Blasewitz. [8]) Hierunter a. o. 3 000 000 Mk. zum Umbau des K. Residenzschlosses in Dresden und des K. Schlosses in Moritzburg.

nur scheinbar so hoch, da diese Ausgaben früher bei den Überschußkapiteln verrechnet wurden, Kapitel 11 A, und dort in der Periode 1881/82 einen Zuschuß von 393364 Mk. erforderten. Was aber die Entwicklung besonders ungünstig erscheinen läßt, ist der Umstand, daß auch hier der Haushalt zu Anfang ziemlich reichlich, aber später immer weniger die Möglichkeit gewährt, größere einmalige Ausgaben auf das ordentliche Budget zu nehmen. Es sind noch der Neubau des Finanzministeriums, die Erwerbung von Hausgrundstücken beim Landhaus, die Erwerbung von Areal zur Erweiterung des Großen Gartens, der Neubau der großen Elbbrücke zwischen Loschwitz und Blasewitz u. a. m. aus dem Ordinarium bestritten worden; die Elbstromkorrektion ist in der Periode 1883/84 aus dem außerordentlichen in den ordentlichen Etat übernommen und dort fortgeführt worden, bis sie in der Periode 1894/95 wieder in den außerordentlichen Etat zurückverwiesen ist. Der Haushaltplan für 1902/03 weist solche außerordentliche Posten im Ordinarium nicht auf; die Regierung hatte in ihn 600000 Mk. Entschädigung an Gemeinden für Übernahme fiskalischer Pflaster- und Straßenstrecken und 400000 Mk. für Elbstromkorrektion eingestellt, aber der Landtag hat mit Rücksicht auf die Finanzlage Bedenken getragen, diesem an und für sich richtigen Gedanken zuzustimmen, und sie wieder in den außerordentlichen Etat verwiesen. Die bei Konto 79 besonders mit ins Gewicht fallenden sachlichen Ausgaben für Straßenunterhaltung, Straßenkorrektionen und -Neubauten, Bau- und Unterhaltung sind seit den Jahren 1882/83 (die sich zum Vergleiche besser eignen, weil hier die neue Anordnung des Haushaltplans eingeführt worden ist) bis zum Haushaltplan 1902/03 von 5317000 Mk. auf 6672000 Mk. gestiegen; für ein laufendes Meter Straße haben im Jahre 1890: 59,30 Mk. und im Jahre 1900: 70,54 Mk. durchschnittlich aufgewendet werden müssen, und sind deshalb die durchschnittlichen Jahreskosten im letzteren Haushaltplan um 5 Pf. höher eingestellt worden, so daß sich ein höherer Aufwand ergibt, obwohl die Länge der Straßen von 3 697 533 m Länge im Jahre 1890 auf 3 648 203 m im Jahre 1900, jedenfalls durch Übernahme fiskalischer Straßen seitens der Gemeinden, zurückgegangen ist.

**Lit. H. Departement des Kultus und öffentlichen Unterrichts.**

Wie schon die allgemeine vergleichende Tabelle Seite 6 ff. nachgewiesen hat, ist das Departement des Kultus und öffentlichen Unterichtes dasjenige, in welchem relativ und absolut die größte Steigerung stattgefunden hat; der erforderliche Zuschuß ist (in 1 000 Mk.) von der Rechnung der Periode 1880/81 bis zum Haushaltplan 1902/03 gewachsen von 13 081 Mk. auf 37 094 Mk. also um rund 24 000 Mk., das ist auf das Jahr durchschnittlich um 1 000 Mk. Bei welchen Kapiteln nun diese Steigerung vorzugsweise sich vollzogen hat, ergibt die Tabelle 7 (S. 31). Es handelt sich dabei um zwei Gruppen; einmal um die, bei denen die naturgemäße Entwicklung der einzelnen Institutionen eine Erhöhung der Bedürfnisse herbeigeführt hat, und sodann um die, bei denen der Staat freiwillig seine Tätigkeit und Fürsorge erweitert hat. Bei der ersteren Gruppe fallen hauptsächlich ins Gewicht: die Universität Leipzig, die technische Hochschule zu Dresden, die höheren Schulen, die Lehrerseminare, die Taubstummenanstalten, bei der letzteren die evangelischen Kirchen und die Volksschulen.

Was zunächst die erstere Gruppe anlangt, so ist auch hier bemerkenswert, daß, während im Laufe des Zeitabschnitts, über den sich die Tabelle erstreckt, verschiedene größere außerordentliche Ausgaben bestritten worden sind, deren hauptsächliche in den Anmerkungen zur Tabelle aufgeführt sind,

Tabelle 7. **Zuschüsse beim Departement des Kultus und öffentlichen Unterrichts.**

| Kapitel | 1880/81 | 1882/83 | 1884/85 | 1886/87 | 1888/89 | 1890/91 | 1892/93 | 1894/95 | 1896/97 | 1898/99 | Budget 1900/01 | Budget 1902/03 | Zu- oder Abnahme gegen 1880/81 |
|---|---|---|---|---|---|---|---|---|---|---|---|---|---|
| 88. Ministerium und Dependenzen | 417 | 422 | 425 | 422 | 418 | 435 | 514 | 508 | 516 | 524 | 584 | 584 | + 167 |
| 89. Evang.-luther. Landeskonsistorium | 237 | 211 | 216 | 244 | 212 | 265 | 259 | 248 | 296 | 257 | 304 | 266 | + 29 |
| 90. Kathol. geistl. Behörden | 46 | 46 | 48 | 49 | 52 | 53 | 63 | 62 | 63 | 66 | 72 | 72 | + 26 |
| 91. Universität Leipzig | 1 402 | 1 525 | 1 692 | 2 760[1] | 3 052[2] | 3 060[3] | 3 043[4] | 2 929 | 3 269 | 3 717 | 4 078 | 4 160 | + 2 758 |
| 92. Technische Hochschule zu Dresden | 486 | 509 | 543 | 546 | 586 | 693[5] | 717 | 781 | 895 | 947 | 1 022 | 1 174 | + 688 |
| 93. Evangelische Kirchen | 3 393 | 3 443 | 3 499 | 3 497 | 3 645 | 3 822 | 4 170 | 4 307 | 4 308 | 4 541 | 4 698 | 4 792 | + 1 399 |
| 94. Gymnasien, Realgymnasien, Realschulen | 1 653 | 1 704 | 1 922 | 2 396[6] | 2 740[7] | 2 596[8] | 2 694 | 2 717 | 2 789 | 3 413 | 3 746 | 3 888 | + 2 235 |
| 95. Lehrerseminare | 1 887 | 1 892 | 2 158 | 2 061 | 2 118 | 2 560[9] | 3 375[10] | 2 818 | 3 142 | 3 468 | 3 876 | 4 272 | + 2 385 |
| 96. Volksschulen | 3 018 | 3 150 | 3 319 | 3 368 | 3 489 | 4 262 | 8 700 | 9 629 | 10 457 | 11 059 | 15 956 | 16 988 | +13 970 |
| 97. Katholische Kirchen und wohltätige Anstalten | 73 | 84 | 102 | 89 | 119 | 125 | 138 | 136 | 133 | 201 | 148 | 131 | + 58 |
| 98. Sonstige Kultuszwecke | 6 | 6 | 8 | 8 | 8 | 8 | 8 | 8 | 8 | 8 | 8 | 8 | + 2 |
| 99. Taubstummenanstalten | 368 | 398 | 413 | 426 | 453 | 477 | 507 | 511 | 533 | 566 | 582 | 596 | + 228 |
| 100. Stiftungsmäßige u. privatelle Leistungen für Kirchen- und Schulzwecke | 64 | 64 | 64 | 64 | 64 | 64 | 64 | 64 | 64 | 64 | 64 | 64 | — |
| 101. Allgemeine Ausgaben | 59 | 61 | 67 | 77 | 72 | 76 | 78 | 74 | 65 | 69 | 78 | 78 | + 19 |

[1]) Hierunter a. o. 900 000 Mk. zur Erbauung und inneren Ausstattung eines neuen Bibliothekgebäudes und Erwerbung des Bauplatzes. 1. Rate. [2]) Hierunter a. o. 1 000 000 Mk. zu denselben Zwecken. 2. Rate. [3]) Hierunter a. o. 801 000 Mk. zu denselben Zwecken. Letzte Rate. [4]) Hierunter a. o. 270 999 Mk. für verschiedene Neubauten. [5]) Hierunter a. o. 64 010 Mk. für elektrotechnisches Laboratorium und Kesselhaus. [6]) Hierunter a. o. 400 000 Mk. für den Neubau der Landesschule in Grimma. [7]) Hierunter a. o. 500 000 Mk. für denselben Zweck und 120 000 Mk. für Staatsgymnasium in Schneeberg. [8]) Hierunter a. o. 275 000 Mk. für die Landesschule in Grimma und 100 000 Mk. Unterstützung an die Stadtgemeinde Plauen bei Übernahme der Realschule in städtische Verwaltung. [9]) Hierunter a. o. 285 000 Mk. zum Um- und Erweiterungsbau bei dem landständ. Seminar in Bautzen, 44 000 Mk. zur Erwerbung eines Bauplatzes für ein Seminar in Plauen bei Dresden. [10]) Hierunter a. o. 667 000 Mk. zur Erbauung eines Seminargebäudes in Rochlitz.

diese gegen Ende mehr und mehr verschwunden und dem außerordentlichen Budget überwiesen worden sind, gleichwohl aber im Ordinarium eine sehr bedeutende Steigerung stattgefunden hat:

| | | | | | | | |
|---|---|---|---|---|---|---|---|
| bei der Universität | von 1402 Mk. | auf 4160 Mk., | also | um | 196 % |
| bei der technischen Hochschule . . | „ 476 „ | „ 1174 „ | „ | „ | 141 „ |
| b. d. Gymnasien zc. | „ 1653 „ | „ 3888 „ | „ | „ | 134 „ |
| bei den Lehrerseminaren . | „ 1887 „ | „ 4272 „ | „ | „ | 126 „ |
| b. d. Taubstummenanstalten . . | „ 368 „ | „ 596 „ | „ | „ | 62 „ |
| | 5566 Mk. | a. 14090 Mk., | also | um | 143 % |

demnach um durchschnittlich 5,9 % jährlich.

In der anderen Gruppe sind

| | | | | | |
|---|---|---|---|---|---|
| die evangel. Kirchen | von 3393 Mk. | auf 4792 Mk., | also | um | 41 % |
| die Volksschulen . | „ 3018 „ | „ 16988 „ | „ | „ | 462 „ |

gestiegen; da eigentlich die in Titel 109a Dotationen den Schulgemeinden überwiesene Hälfte der Grundsteuern auch hierher gehört, so beträgt die Steigerung bei den Volksschulen

von 3018 Mk. auf 20910 Mk., also 592 %.

Während in der Periode 1880/81 das ganze Kultusbudget noch 13081 Mk. betrug, beläuft sich jetzt das Bedürfnis für die beiden aufgeführten Zwecke allein auf 25702 Mk., also beinahe das Doppelte des damaligen Gesamtbudgets des Kultus. In dem 24jährigen Zeitabschnitt haben die beiden Zwecke zusammen eine Steigerung von 300 %, also durchschnittlich 12,5 % jährlich erfahren. Bei der geradezu ausschlaggebenden Bedeutung, welche sie dadurch für das Staatsbudget erlangt haben, ist es wohl von Interesse, mit einigen Worten auf die Ursachen dieser Steigerung einzugehen.

Was zunächst die evangelischen Kirchen anlangt, so sei für die Entwicklung der vom Staate übernommenen Leistungen auf Löbe a. a. O. S. 198 ff. verwiesen. Es handelt sich dabei hauptsächlich um:

1. die Prediger-Witwen- und Waisenkasse zu Gunsten der evangelischen Kirche, und zwar der evangelisch-lutherischen wie der evangelisch-reformierten. Bei ihrer durch Gesetz vom 1. Dezember 1837 erfolgten Begründung übernahm der Staat dergestalt deren Vertretung, daß der durch die eigenen Einnahmen der Kassen nicht gedeckte Mehrbedarf durch die Staatskasse gedeckt werden sollte. Nachdem durch verschiedene Nachtragsgesetze die Pensionen und Unterstützungen erhöht worden waren, wurden durch Gesetz vom 10. März 1890 die Pensionsbeiträge der Geistlichen aufgehoben; der Zuschuß, der in der Periode 1880/81 380 427 Mk. betragen hatte, ist im Haushaltsplan 1902/03 mit 1 050 000 Mk. angesetzt, und wird naturgemäß mit Vermehrung und Verbesserung der Stellen weiter entsprechend wachsen.

2. Emeritierungsfonds der Geistlichen. Derselbe wurde durch das Gesetz vom 19. September 1864 begründet, und auch hier übernahm der Staat die Verpflichtung, das durch die dem Fonds überwiesenen Zuflüsse nicht gedeckte Bedürfnis aus der Staatskasse zuzuschießen. Durch das vorerwähnte Gesetz von 1890 wurden auch bei diesem Fonds die Beiträge der Geistlichen aufgehoben, nachdem andrerseits durch Gesetz vom 8. April 1872 die Pensionen erhöht und denen der Staatsdiener gleichgestellt worden waren. Der in der Periode 1880/81 gewährte Zuschuß von 876 405 Mk. ist im Haushaltsplan von 1902/03 mit 1 040 000 Mk. angesetzt; auch bei diesem Fonds ist also mit einem regelmäßigen Steigen des Bedürfnisses zu rechnen.

3. Entschädigungen an Geistliche und Kirchendiener für weggefallene Accidenzien (Gesetz vom

22. Mai 1872). Diese festen Entschädigungsrenten sind naturgemäß unverändert geblieben; sie betrugen in der Periode 1880/81 1238724 Mk. und sind im Haushaltsplan 1902/03 mit 1239012 Mk. angesetzt, bilden in dieser Höhe aber eine dauernde vom Staat übernommene Last.

4. Weiter wird vom Staat ein erheblicher Zuschuß zur Verbesserung geistlicher, gering dotierter Stellen und zu Alters- und persönlichen Zulagen für Geistliche gewährt. Derselbe betrug in der Periode 1880/81 413821 Mk. und ist im Haushaltplan 1902/03 mit 850000 Mk. eingestellt, also um über das Doppelte gewachsen.

Außer diesen größeren Staatsbeihilfen gehen noch verschiedene kleinere nebenher.

Von noch tiefer greifender Bedeutung sind aber die Leistungen, die der Staat allmählich für das Volksschulwesen übernommen hat. Vgl. darüber Löbe a. a. O. S. 200 ff. Noch in der Finanzperiode 1867/69 hatten sie im Durchschnitte jährlich 258243 Mk. betragen, und die Gesamtleistung des Staates für das Volksschulwesen in dem Zeitraume von 1834 bis mit 1885 wird von Löbe a. a. O. beziffert auf 532493,67 Mk. jährlich, während sie in dem Staatshaushaltsplan 1902/03 mit 8494635 Mk. jährlich eingestellt ist, oder, wenn man die Grundsteuerdotation hinzurechnet, mit rund 10455000 Mk. jährlich.

In Betracht kommen hierbei folgende Leistungen:

1. Pensionskasse für Witwen und Waisen der an den evangelischen Schulen angestellten ständigen Lehrer, die durch Gesetz vom 1. Juli 1840 errichtet wurde, und für die der Staat ebenfalls die Gewähr für den durch die Zuflüsse nicht gedeckten Mehrbedarf übernahm. Dieselbe blieb allerdings nicht auf die Volksschullehrer beschränkt, sondern erstreckte sich auch auf die Landesschulen Meißen und Grimma, die städtischen Gymnasien und öffentlichen Schul-

lehrerseminarien. Nach dem Gesetz vom 9. April 1872 nahmen daran teil alle ständigen Lehrer an den öffentlichen Gymnasien, Progymnasien, Realschulen erster und zweiter Ordnung, Schullehrerseminarien, höheren, mittleren und niederen Volksschulen, also auch an katholischen Schulen; nach diesem Gesetz wurden auch einerseits die Beiträge auf 1 % vom Amtseinkommen oder der Pension geregelt, anderseits die Pensionen und Unterstützungen denen bei den Staatsdienern gleichgestellt. Durch das zitierte Gesetz vom 10. März 1890 sind dann auch bei dieser Kasse die Mitgliederbeiträge in Wegfall gebracht worden. Der Zuschuß des Staates betrug in der Periode 1880/81 448103 Mk. und ist in dem Haushaltplan 1902/03 mit 1770000 Mk. eingestellt.

2. Weiter wurde durch Gesetz vom 26. Mai 1868 eine Pensionskasse für Lehrer an den evangelischen Volksschulen gegründet mit gleicher Verpflichtung des Staats zur Zuschußleistung für etwaigen Mehrbedarf. Durch das Gesetz vom 31. März 1870, die Emeritierung ständiger Lehrer an den Volksschulen betreffend, wurde die Kasse auch auf die Lehrer an den katholischen Volksschulen ausgedehnt, gleichzeitig wurden einerseits die Pensionen in Übereinstimmung mit den Staatsdienergesetzen und anderseits die Beiträge der Mitglieder geregelt; letztere kamen dann durch das Gesetz vom 10. März 1890 auch hier in Wegfall. Der Zuschuß des Staates belief sich in der Periode 1880/81 auf 1194431 Mk. und ist für die Periode 1902/03 auf 3500000 Mk. veranschlagt.

3. Durch das Volksschulgesetz vom 26. April 1873, § 7, wurde dem Staate ganz allgemein die Verpflichtung auferlegt, unvermögenden Gemeinden sowohl zum Schulbau als auch zur Schulunterhaltung Zuschüsse zu gewähren. Die Leistungen des Staats zur Erfüllung dieser Unterstützungspflicht betrugen in der Periode 1880/81 569339 Mk. und sind im Haushaltsplan 1902/03 mit 1300000 Mk. veranschlagt.

4. Eine weitere wesentliche Steigerung haben die Leistungen des Staates für das Volksschulwesen dadurch erfahren, daß den Schulgemeinden des Landes die Hälfte der erhobenen Grundsteuer überwiesen worden ist. Die Maßregel war bekanntlich eine Folge der Zolltarifreform von 1879 und der durch die sog. Franckensteinsche Klausel eingeführten Überweisungen an die Einzelstaaten. Bei deren Ausbildung war das Ziel mit verfolgt worden, die einzelnen Staaten durch die Überweisung eines Teils der Einnahmen aus den Zöllen und Verbrauchssteuern in den Stand zu setzen, eine Entlastung der Kommunalverbände in Aussicht zu nehmen. Die Staatsregierung wählte zur Ausführung dieser Bestimmung die Form der Überweisung eines Teils der Grundsteuer an die Schulgemeinden, weil die Schullasten in vielen Gemeinden eine Höhe erreicht hatten, die sie drückender erscheinen ließ als die Staatssteuern, und weil sie sich davon eine Entlastung der unteren und mittleren Steuerklassen und des Grundbesitzes versprach. Die Dotationen sind von 2908462 Mk. in der Periode 1886/87 auf 3922000 Mk. in der Periode 1900/01 gestiegen und sollen nach übereinstimmendem Beschluß von Regierung und Ständen nunmehr auf der Höhe der am Schlusse des Jahres 1900 vorhanden gewesenen Steuereinheiten gehalten werden.

5. Eine weitere sehr beträchtliche Hilfe wurde durch das Gesetz vom 26. April 1892 gewährt, welches bestimmt, daß die Schulgemeinden von Anfang des Jahres 1892 zu dem Diensteinkommen der Lehrer und Lehrerinnen an den einfachen Volksschulen, sowie an den mittleren Volksschulen, dafern am Orte eine einfache Volksschule nicht besteht, Beihilfen von jährlich 300 Mk. für jede ständige Lehrerstelle, einschließlich der Direktorenstellen, und jährlich 150 Mk. für jede Hilfslehrerstelle erhalten sollen, unter der Bedingung, daß das jährliche Schulgeld für jedes schulpflichtige Kind in

den beteiligten Schulen den Durchschnittssatz von 5 Mk. jährlich nicht übersteigt. Nur ausnahmsweise soll das Ministerium des Kultus und öffentlichen Unterrichts ermächtigt sein, die Beihilfe zu gewähren, auch wenn der durchschnittliche Schulgeldsatz höher, jedoch höchstens 8 Mk. jährlich, ist. Die dadurch auf den Staatshaushalt übernommene Last belief sich gleich in der ersten Periode 1892/93 auf 3603537 Mk. und ist im Haushaltplan 1902/03 mit 5000000 Mk. etatisiert, ist also in zehn Jahren um 1400000 Mk. oder durchschnittlich jährlich 140000 Mk. gestiegen; die Steigerung ist aber eine progressive und in der letzten Periode mit 200000 Mk. jährlich gegen die Vorperiode veranschlagt.

6. Endlich ist, nachdem durch das Gesetz, die Gehaltsverhältnisse der Lehrer an den Volksschulen und die Gewährung von Staatsbeihilfen zu den Alterszulagen derselben betr., vom 17. Juni 1898, die von den Schulgemeinden zu gewährenden Lehrergehälter aufgebessert und dazu durch § 7 den kleineren und den minder leistungsfähigen Schulgemeinden Beihilfen aus der Staatskasse zugesagt worden waren, durch Gesetz vom 26. Februar 1900 unter Aufhebung dieses § 7 bestimmt worden, daß Schulgemeinden, an deren Volksschulen nicht mehr als acht ständige Schulstellen einschließlich der Direktorstellen vorhanden sind, jährliche Beihilfen in Höhe der von ihnen in jedem Jahre zu zahlenden Dienstalterszulagen, und solche mit mehr als acht ständigen Lehrerstellen Beihilfen nach der Zahl der die betreffenden Schulen besuchenden Kinder, und zwar für das erste und zweite Tausend je 4 Mk. für ein Kind, für das dritte bis fünfte Tausend je 2 Mk. für ein Kind, und für jedes weitere Kind 1 Mk., erhalten sollen. Die dadurch vom Staate übernommene Last war in der Etatsperiode 1900/01 mit 4000000 Mk. und ist in dem Haushaltsplan für 1902/03 mit 4424000 Mk. veranschlagt.

Es ist nicht die Aufgabe dieser Arbeit, in eine Beurteilung der einzelnen bezüglich der Kirchen und Schulen getroffenen Maßnahmen hier einzutreten, indes es dürfte doch von Interesse sein, eine Vergleichung mit anderen deutschen zu ziehen, und eine solche bietet sich an der Hand der zitierten Buchenbergerschen Schrift mit dem Großherzogtum Baden.

Was zunächst die Kirchen betrifft, so sind auch in Baden Maßnahmen ergriffen worden zur Aufbesserung gering besoldeter Pfarrer. Man befolgt dort ein gemischtes System. Teils gewährt der Staat eine Dotation, die ursprünglich mit jährlich 200 000 Mk. bemessen, neuerdings aber auf jährlich 300 000 Mk. erhöht worden ist. Daneben ist durch Gesetz vom 18. Juni 1892 den Kirchen die Erhebung einer allgemeinen Kirchensteuer bei ihren Konfessionsangehörigen zur Befriedigung allgemeiner Kirchenbedürfnisse, wozu auch die Aufbesserung der Pfarrgehalte zählt, gestattet worden, der Reinertrag dieser Steuer hat im Jahre 1900 rund 470 000 Mk. ergeben, und mit Hilfe der Dotation und dieser Steuer ist das Dienstaltersstufensystem der staatlichen Beamtenschaft durchgeführt worden. Ähnliches ist für die katholische Kirche im Werke. (Vgl. Buchenberger a. a. O. S. 67 ff.)

Die Erhebung einer solchen allgemeinen Kirchensteuer dürfte sich auch für die sächsische evangelische Kirche immer mehr als Bedürfnis herausstellen; freilich wird in Sachsen bei der bunten Gestaltung von Staats- und Gemeindesteuern die Ausführung des Gedankens viel schwieriger sein, als in Baden, wo eine Übereinstimmung der Staats- und Gemeindesteuern und eine proportionale Abmessung der einzelnen Steuerquellen streng durchgeführt ist.

Der staatliche Aufwand für das Unterrichtswesen wird von Buchenberger a. a. O. S. 79 für Baden für das Jahr 1900 beziffert mit

| Hochschulen. | Mittelschulen. | Volksschulen. | Im ganzen: |
| --- | --- | --- | --- |
| 1851000 Mk. | 1298200 Mk. | 2044700 Mk. | 5339500 Mk. |

Der Aufwand für Hochschulen begreift die beiden Universitäten Heidelberg und Freiburg und die technische Hochschule in Karlsruhe in sich. Ihnen stehen in Sachsen gegenüber die eine Universität in Leipzig und die technische Hochschule in Dresden mit einem gemeinjährigen Aufwande von 2667000 Mk. nach dem Voranschlag für 1902/03.

Der Aufwand für die Mittelschulen ist in Sachsen für die Periode 1902/03 auf 1944000 Mk. veranschlagt.

Erwägt man, daß Baden im Jahre 1900 eine Bevölkerung von 1866584 Seelen hatte, Sachsen nach der letzten Volkszählung vom 1. Dezember 1900 aber 4202216 Seelen, so ist in Baden der Aufwand für diese Zweige der Unterrichtsanstalten prozentual höher.

Was das Volksschulwesen betrifft, so hat in Baden für die Stellung der Lehrer das Gesetz vom 13. Mai 1892 einen entscheidenden Wendepunkt gebracht (vgl. Buchenberger a. a. O. S. 66 ff.) Entsprechend den von den Lehrern wiederholt vorgetragenen Wünschen unterstellte dieses Gesetz die Lehrer bezüglich der Anstellung, der Pflichten, des Diensteinkommens, der Versetzung in den Ruhestand, der Versorgung der Hinterbliebenen, der Dienstpolizei durchweg den beamtengesetzlichen Vorschriften. Es wendet — unter Beseitigung des Ortsklassensystems — das in der Gehaltsordnung zur Einführung gelangte System des Aufrückens im Gehalt nach Dienstaltersstufen grundsätzlich auch auf das Diensteinkommen der Lehrer an, verweist die Lehrer mit ihren Gehaltsansprüchen (an Stelle der Gemeindekassen) lediglich an die Staatskasse, welche ihrerseits die Gemeinden zur Deckung eines Teiles des Gehaltsaufwands heranzieht. Die Gemeinden haben nach § 52 des Gesetzes zu zahlen:

1. einen Jahresbeitrag für jede ständige Lehrerstelle, und

zwar: a) für Hauptlehrerstellen in Gemeinden von nicht über 500 Einwohnern 780 Mk., von 501—1000 Einwohner 840 Mk., 1001 - 2500 Einwohnern 960 Mk., mehr als 2500 Einwohnern 1080 Mk.; b) für jede Unterlehrerstelle in Gemeinden von nicht über 2500 Einwohner 660 Mk., von über 2500 Einwohnern 700 Mk.; für jede Lehrerstelle über die gesetzlich vorgeschriebene Zahl, jede Hauptlehrerstelle 1450 Mk., für jede Unterlehrerstelle 850 Mk.

2. einen weiteren Jahresbeitrag, welcher für jeweils eine Periode von zehn Jahren derart festgesetzt wird, daß nach dem Durchschnitt der Zahl der Kinder, die in jedem der letzten einer zehnjährigen Periode vorausgegangenen Jahre die Volksschule der betr. Gemeinde besucht haben, ein Betrag von 2,50 Mk. für das Kind in Ansatz kommt. Ferner bestimmt das Gesetz eine Umlagenhöhe, welche die Gemeinde für diese Bedürfnisse erheben darf, und stellt eine Skala für Ermäßigung der Gemeindebeiträge auf, wenn die Gemeinde sonstiges Umlagenbedürfnis zu bestreiten hat. Der Höchstgehalt der Lehrer ist auf 2000 Mk. (durch Gesetz von 1898 auf 2100 Mk. erhöht), der Mindestgehalt auf 1100 Mk. festgesetzt.

Der gesamte Aufwand des Staats hat nach S. 84 im Jahre 1900 betragen:

| | | |
|---|---|---|
| Für die Kreisschulvisitationen . . . . . | 93 606 | Mk. |
| Für Lehrerbildungsanstalten (1 Turnlehrerbildungsanstalt, 4 Lehrerseminare, 2 Präparandenschulen, 1 Lehrerinnenseminar), ferner für sonstige Bildungszwecke . . . . . . . . . | 275 734 | „ |
| Für Frauenarbeits- und Haushaltungsschulen | 19 897 | „ |
| Für Volksschulen (4 869 132 Mk. abzüglich der Beiträge der Gemeinden mit 3 334 405) | 1 534 727 | „ |
| | 1 923 964 | Mk. |

oder 1,03 Mk. auf den Kopf der Bevölkerung.

Vergleicht man damit das sächsische Budget pro 1902/03 gemeinjährig:

| | |
|---|---|
| Lehrerseminare . . . | 2136000 Mk., |
| Volksschulen . . . . | 8494000 „ |
| Taubstummenanstalten | 298000 „ |
| Grundsteuerdotation . | 1961000 „ |
| | 12889000 Mk. |

so ergibt das allerdings einen wesentlich höheren Aufwand: 3,00 Mk. pro Kopf der Bevölkerung; und dabei ist zu berücksichtigen, daß wenigstens gewissen Gemeinden in Sachsen eine viel größere Schullast verbleibt als in Baden; so beträgt in der Stadt Leipzig allein nach dem Haushaltplan für 1903 der Zuschuß zum Konto der Volksschulen 4909994 Mk., also 3000000 Mk. mehr als der Zuschuß des Staates Baden, bei einer Bevölkerung von rund 400000 Einwohnern gegen 1800000 Einwohner (das sind 11,70 Mk. pro Kopf gegen 1,03 Mk.), während nach dem badischen Staatshaushalt für 1902 der höchste Beitrag eines Amtsbezirks, den er nach dem erwähnten Gesetze zu zahlen hat, 138000 Mk. beträgt. Es ist ja klar, daß die Verhältnisse nicht ohne weiteres vergleichbar sind, und daß es namentlich in Sachsen unmöglich erscheint, das durch das Badische Gesetz von 1898 geordnete Maximalgehalt von 2100 Mk. außer Wohnungsentschädigung auch in den größeren Städten einzuhalten, aber den Eindruck erhält man doch, daß man in Baden die Verhältnisse planmäßiger geordnet hat als in Sachsen, und daß man mit größerer Vorsicht berechnet hat, welche Lasten die Steuerkraft zu tragen vermöge.

In Preußen, welches dank seiner gewaltigen Überschüsse aus den Eisenbahnen in den letzten Jahren sehr bedeutende Summen dem Elementarschulwesen gewidmet hat, ist dafür in dem Haushaltplane für 1903, nach Abzug von

123008 Mk. für Waisenhäuser, aber einschließlich der Seminare und Präparandenanstalten die Summe von

90422491 Mk.

eingestellt, das ist bei einer Bevölkerungsziffer von 34472509 Seelen pro Kopf 2,62 Mk. Darunter sind unter anderem 28000000 Mk. behufs allgemeiner Erleichterung der Schullasten, 13030979 Mk. Beihilfe an Schulverbände wegen Unvermögens, 22720000 Mk. Zuschuß für die Alterszulagen der Volksschullehrer und -lehrerinnen, 5550000 Mk. zu Pensionen für Lehrer und Lehrerinnen an den öffentlichen Volksschulen ꝛc.

Der Haushaltsplan für die Finanzperiode 1902/03 von Bayern veranschlagt

| | |
|---|---|
| für Seminare und Präparandenanstalten gemeinjährig . . | 1384293 Mk., |
| für Turnwesen . . . . . . . | 17872 „ |
| für deutsche Schulen . . . . . | 12021885 „ |
| | 13424050 Mk., |

das ergibt bei einer Bevölkerung von 6176057 Seelen 2,16 Mk. pro Kopf.

## Lit. J. Departement des Auswärtigen. Lit. K. Reichszwecke. Lit. L. Dotationen. Lit. M. Reservefonds.

Bei den in Tabelle 8 (S. 43) zusammengefaßten Abschnitten des Staatshaushalts fallen besonders ins Gewicht das finanzielle Verhältnis zum Reich (Matrikularbeiträge), die Pensionen und endlich die Dotationen. Für das erste muß wegen ihres Zusammenhangs mit der Reichsfinanzreform eine besondere Besprechung vorbehalten bleiben, die Dotationen sind im Zusammenhange mit dem Budget des Kultus und öffentlichen Unterrichts besprochen worden. Eine besondere Erwähnung haben daher hier nur die Pensionen zu finden. Was zunächst die gesetzliche Regelung der Staatsdiener-

Tabelle 8. **Departement des Auswärtigen. Reichszwecke. Pensionsetat. Dotationen und Reservefonds.** (In 1000 Mk.)

| Kapitel | 1880/81 | 1882/83 | 1884/85 | 1886/87 | 1888/89 | 1890/91 | 1892/93 | 1894/95 | 1896/97 | 1898/99 | Budget 1900/01 | Budget 1902/03 | Zu- oder Abnahme gegen 1880/81 |
|---|---|---|---|---|---|---|---|---|---|---|---|---|---|
| 102. Ministerium des Auswärtigen . . . . | 87 | 85 | 87 | 87 | 91 | 90 | 88 | 87 | 85 | 90 | 104 | 104 | — |
| 103 (83. 84). Gesandtschaften . . . . . . | 140 | 161 | 148 | 128 | 158 | 153 | 159 | 155 | 179 | 171 | 126 | 226 | — |
| 104. Finanzielles Verhältnis zum Reich (Matrikularbeiträge) . | 9 545 | 10 699 | 10 768 | 17 953 | 28 678 | 40 390 | 48 303 | 54 612 | 58 592[1]) | 67 384 | 70 930 | 85 344 | — |
| 105. Reichstagswahlen . | 2 | — | 2 | 2 | — | 2 | 2 | — | — | 2 | 3 | 3 | — |
| 106. Vertretung Sachsens im Bundesrat . . . | 42 | 35 | 91 | 47 | 49 | 48 | 55 | 62 | 66 | 100 | 82 | 88 | — |
| 107. Wartegelder . . . | 105 | 87 | 74 | 66 | 50 | 50 | 35 | 44 | 57 | 39 | 22 | 44 | — |
| 108. Pensionen . . . . | 5 631 | 5 896 | 6 144 | 6 436 | 6 813 | 7 501 | 8 436 | 9 006 | 9 752 | 10 488 | 10 696 | 11 354 | — |
| 109. Bewilligung an Militärinvaliden . . | 91 | 85 | 78 | 69 | 66 | 63 | 59 | 3 | 19 | 19 | 20 | 20 | — |
| 109 a. Dotationen . . . | — | — | — | 2 908 | 3 001 | 6 549 | 3 316[2]) | 3 463 | 3 573 | 3 695 | 3 834 | 3 922 | — |
| 110. Reservefonds . . . | 76 | — | — | 380 | 81 | 5 | 11 | — | 82 | — | 340 | 1 622 | — |

[1]) Von dieser Periode ab erscheinen die Matrikularbeiträge nicht mehr als Bruttoausgabe im Etat, sie sind aber der Übersichtlichkeit wegen in die Tabelle eingestellt. [2]) Von dieser Periode ab sind die gesetzlich geregelten Beihilfen an die Schulgemeinden zur Bestreitung ihrer Lehrergehalte nach Kap. 26 (Volksschulen) übertragen.

pensionen anlangt, so mag auch hier auf Löbe a. a. O. S. 230 verwiesen werden, der eine eingehende Darstellung ihrer geschichtlichen Entwicklung gibt. Hinzugefügt mag nur werden, daß durch Gesetz vom 1. Februar 1890 jährlich die Beiträge der Zivilstaatsdiener zum Pensionsfonds vom 1. Januar 1890 ab aufgehoben worden sind, und ferner, daß durch Gesetz vom 16. April 1892 auch den bereits im Pensionsstande befindlichen früheren Zivilstaatsdienern nachträgliche Erhöhungen ihrer Pensionen zwischen 7,5 und 12,5 % gewährt worden sind. Bemerkenswert ist die Steigerung der Pensionen um über 100 % im Zeitraum von 24 Jahren. Dabei ist noch zu beachten, daß die Pensionsleistungen für Geistliche, Lehrer und ihre Hinterbliebenen hier nicht einbegriffen sind. Rechnet man diese hinzu, so ergibt sich folgendes nach dem Haushaltsplan für 1902/03 gemeinjährig:

| | | |
|---|---|---|
| 5 677 000 | Mk. | für Beamte ꝛc., Kap. 108, |
| 4 115 700 | „ | „ Eisenbahnbeamte ꝛc., Kap. 16, |
| 620 000 | „ | „ Geistliche, |
| 525 000 | „ | „ Hinterbliebene von Geistlichen, |
| 1 750 000 | „ | „ Lehrer, |
| 885 000 | „ | „ Hinterbliebene von Lehrern, |
| 65 000 | „ | bei der Universität, |
| 13 642 000 | Mk., | das sind 40,9 % der Einkommensteuer! |

und dabei scheinen die Pensionen noch immer eine rascher steigende Tendenz zu haben als die Einkommensteuer.

Zu dem Kapitel Reservefonds ist nur noch daran zu erinnern, daß derselbe durch die neue Verabschiedung der Zivilliste und Apanage infolge des Regierungswechsels beim a. o. Landtage schon teilweise zur Verwendung gelangt ist.

# III. Außerordentliches Budget. Außerordentliche Ausgaben im ordentlichen Budget. Staatsschulden.

Tabelle 9. **Außerordentlicher Staatshaushaltetat.** (In 1000 Mk.)

| Ministerien | 1880/81 | 1882/83 | 1884/85 | 1886/87 | 1888/89 | 1890/91 |
|---|---|---|---|---|---|---|
| Justiz . . . | — | — | — | — | — | — |
| Inneres . . | 37 | — | — | — | — | — |
| Auswärtiges | — | — | 904 | — | — | — |
| Finanzen . . | 897 | 4 043 | 16 747 | 27 030 | 28 735 | 31 643 |
| Kultus . . . | — | — | — | — | — | — |
| Summe . . | 934 | 4 043 | 17 651 | 27 031 | 28 735 | 31 643 |

| Ministerien | 1892/93 | 1894/95 | 1896/97 | 1898/99 | Budget 1900/01 | Budget 1902/03 |
|---|---|---|---|---|---|---|
| Justiz . . . | — | 1 223 | 2 423 | 2 200 | 3 006 | 3 600 |
| Inneres . . | — | 2 350 | 943 | 7 829 | 4 479 | 8 892 |
| Auswärtiges | — | — | — | — | — | — |
| Finanzen . . | 56 249 | 41 952 | 64 899 | 99 591 | 85 803 | 46 869 |
| Kultus . . . | — | 2 590 | 5 065 | 3 982 | 5 288 | 4 819 |
| Summe . . | 56 249 | 48 115 | 73 332 | 113 582 | 98 681 | 64 170 |

Die vorstehende Tabelle 9 gibt eine Übersicht über die Entwicklung des außerordentlichen Budgets seit der Finanzperiode 1880/81. Für die früheren Perioden ist auf die übersichtliche Zusammenstellung nach einzelnen Verwaltungsaufgaben bei Löbe a. a. O. S. 239 zu verweisen.

Zu deren Erläuterung sind zuvörderst die Grundsätze in Erinnerung zu bringen, nach welchem zufolge einer zwischen der Staatsregierung und den Ständen getroffenen Vereinbarung die Scheidung zwischen ordentlichen und außerordentlichen Budgets stattfinden sollte.

Auf einen von den Ständen im Interesse einer geordneten Finanzwirtschaft des Staates in der Hauptbewilligungsschrift vom 13. Juni 1874 gestellten Antrag hatte die Regierung Erwägungen darüber angestellt, welche Grundsätze für die Aufnahme von Ausgaben in das außerordentliche Budget künftig zum Anhalt zu nehmen seien, und teilte über deren Ergebnis in den Erläuterungen D zu dem Staatsbudget auf die Jahre 1876/77 den Ständen folgendes mit:

„Wenn man festhält, daß der wesentliche Unterschied zwischen dem ordentlichen und dem außerordentlichen Budget nur darin besteht, daß die in das erstere aufgenommenen Ausgaben durch die in der betreffenden Finanzperiode eingehenden Einnahmen vom eigenen Vermögen des Staates und, insoweit diese nicht ausreichen, durch die Steuern der in dieser Finanzperiode vorhandenen Steuerpflichtigen gedeckt werden müssen, während die in das außerordentliche Budget aufzunehmenden Ausgaben zwar ebenso durch die Einnahmen vom Staatsvermögen und die Steuern der Steuerpflichtigen, aber nicht während einer einzelnen Finanzperiode allein, sondern in der Art gedeckt werden, daß sie auf eine längere Reihe von Jahren, auf mehrere Finanzperioden verteilt werden; wenn man ferner erwägt, daß in jeder Zeit außerordentliche Bedürfnisse vorkommen können und vorkommen, und daß wir nie beurteilen können, welche Bedürfnisse dieser Art für unsere Nachkommen noch hervortreten werden, so ergibt sich für eine solide und prompte Finanzwirtschaft der Satz, daß die Aufnahme in das ordentliche Budget ganz im allgemeinen und für alle Ausgaben als Regel gilt, die Aufnahme in das außerordentliche Budget aber stets durch besondere überwiegende Gründe gerechtfertigt werden muß. Hält man diesen allgemeinen Grundsatz, wie man wohl tun muß, fest, so werden nach Ansicht der Regierung folgende Ausgaben in das außerordentliche Budget einzustellen sein:

1. Ausgaben, welche als werbende Kapitalanlagen erscheinen, und daher eine direkte Vermehrung der Staatseinkünfte in Aussicht stellen, z. B. für die Erwerbung oder den Bau von Eisenbahnen und für die Ausrüstung derselben;
2. Ausgaben, welche zur Beseitigung fortdauernder pekuniärer Staatslasten dienen und daher eine direkte Verminderung des laufenden Staatsaufwandes herbeiführen, z. B. zur Ablösung von Jahresrenten oder anderen dauernden Geldleistungen, zur Entschädigung einer Gemeinde für Übernahme der Unterhaltung fiskalischer Straßenstrecken;
3. Ausgaben, welche zur Vermehrung und Sicherstellung des Nationalwohlstandes beitragen, indem sie natürliche Gefahren von demselben abwenden, oder Einrichtungen und Privilegien, die seiner Entwicklung hinderlich sind, beseitigen, oder den Verkehr erleichtern und damit auch späteren Generationen Nutzen bereiten, z. B. für Elbstromkorrektionen, für Elbquaianlagen im Interesse der Schiffahrt und des Handels, für Herstellung des Rothschönberger Stollens, für Ablösung nachteiliger Verbietungsrechte; endlich
4. Ausgaben, welche durch große, das Land treffende Unglücksfälle, z. B. Kriege, oder durch andere außerordentliche Ereignisse und Umstände, welche zu den präsumtiv auch in Zukunft wiederkehrenden nicht gerechnet werden

können, verursacht werden, und zugleich von solcher Bedeutung sind, daß sie von einer Generation allein nicht getragen werden können.

Dagegen werden Ausgaben, welche zum Behufe einer besseren und leichteren Erfüllung der Zwecke der Staatsverwaltung und wegen der vermehrten Bedürfnisse derselben nötig werden, z. B. größere und kleinere Bauten für die Zwecke der Justiz, des Schulwesens, der Landes-, Heil-, Straf- und Versorgungsanstalten, der Zoll- und Steuerverwaltung 2c., in das ordentliche Budget einzustellen sein, weil angenommen werden muß, daß derartige Ausgaben bei den stetig wachsenden Bedürfnissen nie ganz aufhören, und daher die künftigen Generationen auch gezwungen sein werden, den zu ihrer Zeit auftauchenden Bedürfnissen zu genügen.

Inwiefern es zulässig sein wird, außergewöhnliche Ausgaben für Zwecke der Wissenschaft und Kunst, z. B. für den Bau einer Kunstakademie, eines Ausstellungsgebäudes, für die öffentlichen Sammlungen, für Theater 2c., in das außerordentliche Budget aufzunehmen, wird nicht wohl im allgemeinen, sondern nur nach den Verhältnissen des konkreten Falles zu beurteilen sein.

Aber selbst diese unter 1 bis 4 aufgestellten Grundsätze werden nicht für alle möglichen Fälle ausreichen, so daß immer noch Fälle vorkommen können, in welchen Zweifel darüber entstehen, ob eine Ausgabe dem ordentlichen oder dem außerordentlichen Budget zuzuweisen sei. Bei der diesfallsigen Erwägung wird nicht selten auch die Rücksicht auf die im Interesse der Steuerpflichtigen liegende möglichste Stetigkeit in der Höhe der Steuerzahlung den Ausschlag geben, so daß es auch fernerhin vorkommen kann, daß aus letzterer Rücksicht eine gewöhnlich in dem ordentlichen Budget aufgenommene außerordentliche Ausgabe, welche nach den obigen Grundsätzen in das außerordentliche

Budget aufgenommen werden könnte, einmal dem ordentlichen Budget zugewiesen wird."

In der oben erwähnten Beilage zur ständischen Schrift, das Budget betr., vom 13. Juni 1874 war nun aber auch der Antrag gestellt worden,

> die Verwaltungsüberschüsse der jedesmaligen vorletzten Finanzperiode künftig in das außerordentliche bezw. ordentliche Budget einzustellen.

In Bezug hierauf sagten nun die erwähnten Erläuterungen D zum Budget 1876/77 folgendes:

„Der ständische Antrag spricht sich in dieser Beziehung nicht bestimmt aus, sondern beantragt die Einstellung in das ‚außerordentliche bezw. ordentliche' Budget. Da aber nach dem soeben ausgesprochenen allgemeinen Grundsatze in der Regel alle Ausgaben, auch die außergewöhnlichen, aus den laufenden Einnahmen zu decken sind und nur ausnahmsweise eine Deckung durch Aufnahme von Darlehen zulässig ist, so folgt eigentlich von selbst, daß unerwartet eingetretene Mehreinnahmen oder Ersparnisse an gewissen Ausgaben nicht zu einer momentanen Verminderung der Steuern, sondern zur Bestreitung außerordentlicher Ausgaben, mithin zur Verminderung des durch Darlehen zu deckenden Bedarfes verwendet werden müssen und daher in das außerordentliche Budget einzustellen sind. Da nun diese letztere Verwendung, wenn auch ohne formelle Einstellung in das Budget, tatsächlich seither schon stattgefunden hat, so ist das beibehalten worden und die Einstellung in das außerordentliche Budget erfolgt."

Für die Beurteilung, welche die von der Regierung aufgestellten Grundsätze bei den Kammern fanden, ist von besonderer Bedeutung der Bericht der zweiten Deputation der ersten Kammer, der Se. Majestät den jetzigen König, damaligen Prinz Georg, zum Verfasser hatte. Danach wurde der Grundsatz,

daß die Aufnahme in das ordentliche Budget ganz im allgemeinen und für alle Ausgaben als Regel gilt, die Aufnahme in das außerordentliche Budget aber stets durch besondere überwiegende Gründe gerechtfertigt werden muß

mit Freude begrüßt und dann weiter ausgeführt:

„Die unterzeichnete Deputation ist der Ansicht, daß zur Bewahrung gedeihlicher Finanzzustände auf eine möglichste Verminderung, ja, wenn tunlich, auf ein gänzliches Verschwinden des außerordentlichen Budgets und auf die Wiederherstellung eines einheitlichen Budgets hingewirkt werden muß. Denn die scheinbar leichte Deckung der Ausgaben des außerordentlichen Budgets birgt in sich die Gefahr, daß man durch die Deckungsart, welche dem Steuerzahler momentan und direkt nicht zur Last fällt, versucht wird, mit mehr Leichtigkeit große Summen zu bewilligen, welche den Staat mit Schulden belasten und in der Zukunft notwendig doch zu einer Erhöhung der Steuern führen."

„Zur Erreichung des anzustrebenden Zieles, das außerordentliche Budget zu vermindern, möchte es zwei Wege geben: Sparsamkeit und Entlastung des außerordentlichen auf Kosten des ordentlichen Budgets."

„Die Sparsamkeit, — worunter zu verstehen sein möchte, daß man sich auf das unabweisbare Notwendige beschränkt und auch in der Ausführung dessen, was man für notwendig hält, sich nicht von dem Maße des Notwendigen entfernt — würde zurzeit wohl nicht zum Ziele führen." Es wird dies weiter begründet und dann fortgefahren: „Da also der Weg der Sparsamkeit nicht allein ausreicht, so ist die Absicht der Staatsregierung, das außerordentliche Budget dadurch zu entlasten, daß viele Posten, welche früher demselben angehörten, nun in das ordentliche Budget eingestellt werden, nur mit Freuden zu begrüßen. Die Vereinigung beider Wege wird zu der Hoffnung berechtigen, daß man bald das erstrebte Ziel einer möglichsten Verminderung, wenn nicht gar eines gänzlichen Aufhörens des außerordentlichen Budgets erreichen werde."

Was die Frage wegen der Einstellung der Einnahmenüberschüsse anlangt, so erklärte die Deputation, daß nach ihrer Meinung im Prinzip die Überschüsse, welche doch immer nur aus zu viel erhobenen Steuern bestehen, in das ordentliche Budget gehören. Anderseits konnte sie sich aber auch der Ansicht nicht verschließen, daß für jetzt wenigstens die praktische Seite der Sache, nämlich die Frage, an welcher Stelle den jeweiligen Budgetverhältnissen nach die Überschüsse am nützlichsten und notwendigsten zu verwenden sind, hier zunächst ins Gewicht fällt. Von diesem opportunistischen Standpunkte aus, beantragte sie eine Reihe von Ausgaben aus dem außerordentlichen in das ordentliche Budget zu übertragen und dafür eine entsprechende Summe aus den Überschüssen in das ordentliche Budget als Einnahme einzustellen. Zum Schluß wiederholte der Bericht: „Keine veränderte Budgetaufstellung ist im stande, gründlich zu helfen, wenn nicht mit ihr eine weise Sparsamkeit Hand in Hand geht", und dabei wurde der Finger auf einen Punkt gelegt, in dem ein gewisser Luxus eingerissen sei, nämlich das Bauwesen!

In der ständischen Schrift auf das Budget 1876/77 erklärten dann die Stände, daß sie bei der auf ihre Anträge erfolgten Einstellung der Verwaltungsüberschüsse aus der vorletzten Finanzperiode in das außerordentliche Budget und der erfolgten Mitteilung der Grundsätze, welche fernerhin bei Aufstellung des ordentlichen und außerordentlichen Budgets maßgebend sein sollen, zurzeit Beruhigung fassen.

Eine bestimmte gesetzliche Regelung bezüglich der Behandlung der Überschüsse ist in Sachsen also nicht vorhanden, im Gegensatz zur Verfassung des Deutschen Reichs, welche in Artikel 70 vorschreibt:

„Zur Bestreitung aller gemeinschaftlichen Ausgaben dienen zunächst die etwaigen Überschüsse der Vorjahre" ...

Es ist nur eine Übereinkunft zwischen Regierung und Ständen getroffen worden, wonach die Verwaltungsüberschüsse der jedesmaligen vorletzten Periode in das außerordentliche Budget einzustellen sind; auch diese Übereinkunft ist aber keine absolut bindende, sondern die Stände haben sich die Beurteilung nach der jeweiligen Lage der Verhältnisse vorbehalten. Und auch der Finanzminister von Könneritz erklärte auf einen (später zu erörternden) Antrag wegen Bildung eines Fonds für Behandlung der Überschüsse der Eisenbahnen in der Sitzung der I. Kammer vom 18. März 1884:

„Es ist daher nach meiner Ansicht schließlich kein so großes Unglück, wenn in Zeiten weniger günstiger Finanzlage der Staat wirklich genötigt sein sollte, aus den mobilen Beständen zu entnehmen, um das Defizit des ordentlichen Budgets zu decken . . . Ich meine, wenn man den Grundsatz konsequent festhält, die Überschüsse nur zu außerordentlichen Ausgaben zu verwenden, so kann man in schlechten Zeiten es auch einmal rechtfertigen, die mobilen Bestände anzugreifen, um ein vorübergehendes Defizit des ordentlichen Budgets zu decken."

Es ist denn auch in den Jahren seit Abschluß des Übereinkommens immer demselben entsprechend verfahren worden; den bei dem letzten ungünstigen Budget von 1902/03 von manchen Seiten gegebenen Anregungen, von den in der Finanzperiode 1898/99 erzielten Überschüssen von 11⅛ Mill. Mark etwas zur Deckung des Defizits in das ordentliche Budget einzustellen, hat die Regierung Widerstand entgegen=

gestellt, und die Stände haben sich dabei beruhigt, jedenfalls in der Erwägung, daß sonst die aufzunehmende Anleihe noch größer geworden wäre. Man kann wohl sagen, daß die befolgte Übung sich als eine durchaus gesunde und segensreiche erwiesen hat, und daß die Lage der sächsischen Finanzen ohne dieselbe eine noch weit ungünstigere sein würde, als sie ohnedies schon ist. Nicht so ist die Finanzpolitik durchgeführt worden, die bezüglich der Trennung des ordentlichen und außerordentlichen Budgets vereinbart worden ist, und die Hoffnung, die in dem erwähnten Berichte der Finanzdeputation der I. Kammer ausgesprochen worden ist: „daß man bald das erstrebte Ziel einer möglichsten Verminderung, wenn nicht gar eines gänzlichen Aufhörens des außerordentlichen Budgets erreichen werde", hat sich nicht nur nicht erfüllt, sondern es ist in den letzten Finanzperioden das außerordentliche Budget stark gewachsen, und es sind in dasselbe Ausgaben aufgenommen worden, die nach den von der Regierung aufgestellten, vom Landtag angenommenen Grundsätzen entschieden in das ordentliche Budget gehört hätten.

Überblickt man die Tabelle 9 (S. 45) so ergibt sich, daß, außer einer Ausgabe des Ministeriums des Auswärtigen für Erwerbung des Gesandtschaftshotels in Berlin, die Ministerien der Justiz, des Innern, des Kultus an dem außerordentlichen Budget bis zur Periode 1894/95 nicht beteiligt gewesen sind. In welchem beträchtlichen Umfange aber außerordentliche Ausgaben für dieselben während dieser Zeit aus dem ordentlichen Budget bestritten worden sind, ist bei der Zusammenstellung der Rechnungen für die einzelnen Departements wenigstens im wesentlichen mitgeteilt worden. Von der Periode 1894/95 fangen diese Departements an, an dem außerordentlichen Budget zu partizipieren, und zwar in dem steigenden Maße, in welchem die Überschüsse des ordentlichen Budgets für die laufenden Ausgaben mehr und mehr in

Anspruch genommen werden. Gleichzeitig aber reichen die Überschüsse der einzelnen Etatsperioden immer weniger zu, die Anforderungen des außerordentlichen Etats zu decken, und es muß zu dem Hilfsmittel der Vermehrung der Schulden gegriffen werden.

Eine Zusammenstellung der Über- bezw. Zuschüsse der Etatsperioden von 1880/81 ab zeigt folgendes Bild:

| Über- (+) bezw. Zuschüsse (—) | | | Verwendung |
|---|---|---|---|
| 1880/81 | + | 12 411 973 Mk. | 6 360 562 Mk. Vermehrung der mobilen Bestände.<br>6 051 470 Mk. a. o. Et. E. E. 1884/85. |
| 1882/83 | + | 16 871 565 Mk. | zum a. o. Etat von 1886/87. |
| 1884/85 | + | 8 657 955 Mk. | zum a. o. Etat von 1888/89. |
| 1886/87 | + | 6 103 208 Mk. | zum a. o. Etat von 1890/91. |
| 1888/89 | + | 26 601 876 Mk. | zum a. o. Etat von 1892/93. |
| 1890/91 | + | 13 918 697 Mk. | zum a. o. Etat von 1894/95. |
| 1892/93 | — | 3 729 061 Mk. | — |
| 1894/95 | + | 11 364 042 Mk. | hiervon 10 481 269 Mk. z. a. o. E. 1898/99 und 882 773 Mk. zum Überweisungssteuerfonds. |
| 1896/97 | + | 18 175 908 Mk. | hiervon 14 890 214 Mk. z. a. o. E. 1900/01 und 3 285 694 Mk. zu demselben Fonds. |
| 1898/99 | + | 11 374 395 Mk. | hiervon 11 234 926 Mk. z. a. o. E. 1902/03 und 139 469 Mk. zu demselben Fonds. |

Die zur Deckung des außerordentlichen Etats erzielten und reservierten Überschüsse betragen also, einschließlich der in der Periode 1880/81 zur Vermehrung der mobilen Bestände angewiesenen 6 360 562 Mk., die ansehnliche Summe von

| | | |
|---|---|---|
| + | 121 171 684 | Mk. |
| — | 3 729 061 | „ |
| + | 117 442 623 | Mk. |

woneben noch 4 307 936 Mk. Überschuß der Überweisungen vom Reiche über die Matrikularbeiträge als Ausgleichsfonds zur eventuellen Deckung der letzteren zurückgelegt worden sind. Von diesen Überschüssen sind bis 1898/99 zur Verwendung gelangt 91 317 383 Mk. Hiervon entfallen:

| | | | | | |
|---|---|---|---|---|---|
| 5846000 | Mk. | auf das Departement | der | | Justiz, |
| 11022000 | „ | „ | „ | „ | des Innern, |
| 904000 | „ | „ | „ | „ | des Auswärtigen, |
| 11617000 | „ | „ | „ | „ | des Kultus, |
| 61928000 | „ | „ | „ | „ | der Finanzen. |

Bei dem Departement der Finanzen aber fällt der Hauptanteil auf die Staatseisenbahnen, also präsumtiv auf werbende Anlagen.

Ergänzt man nun dieses Bild durch eine Übersicht über Vermehrung und Verminderung der Staatsschulden, so ergibt sich folgendes:

| | Vermehrung | Tilgung | Ergebnis beider (Vermehrung + Minderung —) | Gesamtschuld |
|---|---|---|---|---|
| | Mk. | Mk. | Mk. | in 1000 Mk. |
| 1880/81 | 12 426 000 | 17 086 124 | — 4 660 124 | 689 683 |
| 1882/83 | 9 998 000 | 22 978 774 | — 12 980 774 | 676 702 |
| 1884/85 | 4 170 000 | 21 324 349 | — 17 154 349 | 659 547 |
| 1886/87 | 27 687 500 | 20 720 174 | + 6 967 326 | 666 515 |
| 1888/89 | 9 067 000 | 23 329 774 | — 14 253 774 | 652 261 |
| 1890/91 | — | 25 420 765 | — 25 420 765 | 626 840 |
| 1892/93 | 64 050 000 | 20 259 400 | + 43 930 600 | 670 771 |
| 1894/95 | 79 080 000 | 29 592 800 | + 49 457 200 | 720 258 |
| 1896/97 | 46 075 700 | 12 169 300 | + 33 906 400 | 754 164 |
| 1898/99 | 99 300 000 | 23 642 000 | + 75 657 506 | 829 822 |

Während in dem Zeitraum von 1880/81 bis zur Periode von 1890/91 die Staatsschuld von 694342000 Mk. auf 626840000 Mk., also um 66503000 Mk., gemindert worden war, ist sie in den vier darauffolgenden Perioden auf 829822000 Mk., also um 202982000 Mk., wieder gestiegen. Nach dem Gesetze vom 10. Juni 1898 war eine Anleihe von 112000000 Mk. beschlossen worden, welche in der Periode 1898/99 erst zum Teil als Vermehrung der Staatsschuld erscheinen; dazu sind aber zwei weitere Anleihen gekommen, nämlich von 110000000 Mk. nach dem Gesetze vom 5. Juni 1900, und weitere 100000000 Mk., auf dem letzten Land=

tage beschlossen, nach dem Gesetze vom 4. Juli 1902. Von der letzteren sind allerdings 30 000 000 Mk. nur zur Verstärkung des Betriebsfonds der Finanzhauptkasse bestimmt, aber sie belasten doch das Konto der Zinsen. Die Vermehrung der Staatsschulden seit der Periode 1890/91 bis zur Gegenwart beläuft sich also auf über 400 000 000 Mk. Nach den Budgets der Perioden 1900/01 und 1902/03 sind an dem außerordentlichen Etat beteiligt das Ministerium der Justiz mit 6 606 000 Mk., das Ministerium des Innern mit 13 371 000 Mk., das Ministerium des Kultus mit 10 107 000 Mk., in Summa diese drei Ministerien 30 089 000 Mk.; die Überweisung an Überschüssen hat für diese beiden Perioden betragen 26 125 140 Mk.; es haben also für die Deckung dieser Verwaltungsbedürfnisse mit rund 4 000 000 Mk. Anleihemittel herangezogen werden müssen. Im wesentlichen sind die Anleihen für die Bedürfnisse des Finanzministeriums und hier wieder für die Staatseisenbahnen bestimmt gewesen. Es wird darauf später näher eingegangen werden müssen. Bei der hervorragenden Bedeutung aber, die die Staatseisenbahnen für das sächsische Staatsbudget haben, muß den letzteren überhaupt eine besondere Prüfung gewidmet werden.

# IV. Die Staatseisenbahnen.

(Kapitel 16 der Überschüsse.)

## 1. Überblick über die finanzielle Entwicklung.

Die erwähnte Bedeutung ist auch die Veranlassung gewesen, daß die sächsischen Kammern und ihre Finanzdeputationen diesem Kapitel des Staatsbudgets immer eine ganz besondere Beachtung geschenkt haben. Die erstatteten Berichte geben eine große Menge von Material, das teils die Regierung den Deputationen auf Anfragen noch neben den allgemeinen Vorlagen hat zugehen lassen, teils die Deputationen selbst zusammengetragen haben; es sind darin die Gründe steigender oder sinkender Rente und viele sonstige Fragen allgemeiner Natur eingehend besprochen worden, und es kann deshalb ein Studium dieser Berichte nur empfohlen werden. Da der II. Kammer in Finanzsachen die Priorität der Entschließung zukommt, so sind es naturgemäß auch die Berichte ihrer Deputationen, die am instruktivsten sind, und kann daher auf die folgenden Berichte hingewiesen werden:

Bericht 127 vom 28. Februar 1896. (Landtagsakten von den Jahren 1895/96. Berichte der II. Kammer. 1. Bd., 2. Teil, S. 597 ff.)

Bericht 134 vom 1. März 1898. (Landtagsakten von den Jahren 1897/98. Berichte der II. Kammer. 2. Bd., 1. Teil, S. 589 ff.)

Bericht 190 vom 15. März 1900. (Landtagsakten von den Jahren 1899/1900. Berichte rc. der II. Kammer. 2. Bd., 1. Teil, S. 821 ff.)

Bericht 234 vom 2. Mai 1902. (Landtagsakten von den Jahren 1901/1902. Berichte rc. der II. Kammer. 2. Bd., S. 1027 ff.).

Bei den ersten drei zitierten Berichten ist der verstorbene Bruder des Verfassers, bei dem letzten Komm.-Rat Kellner Berichterstatter gewesen.

Die Aufgabe der gegenwärtigen Prüfung soll und kann es nur sein, einen allgemeinen Überblick über die Entwicklung unseres Staatsbahnwesens seit der Periode 1880/81 zu geben, daraus die Gründe des Rückgangs der Rentabilität, soweit möglich, zu erkennen und Schlüsse für die Zukunft zu ziehen.

Dem ersteren Zwecke dient zunächst die Tabelle 10 (S. 59), die vom Jahre 1880 ab bis mit 1901 das mittlere Anlagekapital, die Länge, Einnahmen, Ausgaben, Abführung an den Erneuerungsfonds, Betriebskoeffizient, abgelieferte Überschüsse, verglichen mit Etat und Vorperiode, und Rente vom Kapital gibt. Dazu ist im einzelnen zu bemerken: Die Angaben des mittleren Anlagekapitals sind den den Kammern vorgelegten Rechenschaftsberichten entnommen; dieselben weichen aber leider von einer von der Kgl. Generaldirektion im Jahre 1892 aufgestellten Statistik der finanziellen Ergebnisse der Staatsbahnen von 1897 bis 1891 etwas ab, und da vermutlich die letzteren Angaben auf späteren Richtigstellungen der Rechenschaftsberichte beruhen, so ist ihnen der Vorzug gegeben worden. Von Belang für die Beurteilung des Ganzen sind aber die Abweichungen nicht. Bei den Ausgaben ist zwischen persönlichen und sachlichen Ausgaben geschieden worden, da

Tabelle 10. (In 1000 Mk.)

| Jahr | Mittleres Anlagekapital | Länge in km | Einnahmen: Personenverkehr | Einnahmen: Güterverkehr | Einnahmen: Andere Quellen | Einnahmen: Zusammen | Ausgaben: Persönliche | Ausgaben: Sachliche | Ausgaben: Zusammen | An den Erneuerungsfonds | Ausgaben betragen in % von den Einnahmen | Überschuß | Gegen den Etat | Gegen die Vorperiode | Rente in % |
|---|---|---|---|---|---|---|---|---|---|---|---|---|---|---|---|
| 1880 | 574 735 | 1 959 | 34 752 | 83 783 | 6 485 | 126 020 | 40 941 | 33 045 | 73 986 | 6 301 | 59,2 | 52 033 | + 7 594 | + 3 596 | 4.438 |
| 1881 | 580 265 | 1 984 | | | | | | | | | 58,2 | | | | 4,571 |
| 1882 | 580 598 | 2 054 | 37 102 | 89 620 | 6 925 | 133 576 | 41 955 | 33 912 | 75 867 | 6 678 | 55,4 | 57 596 | + 5 780 | + 5 563 | 4,948 |
| 1883 | 587 585 | 2 100 | | | | | | | | | 55,5 | | | | 4,932 |
| 1884 | 593 393 | 2 128 | 40 231 | 87 145 | 6 932 | 134 309 | 43 824 | 35 174 | 78 998 | 6 755 | 58,2 | 55 311 | + 995 | — 2 285 | 4,571 |
| 1885 | 601 521 | 2 208 | | | | | | | | | 57,3 | | | | 4,706 |
| 1886 | 611 601 | 2 265 | 43 356 | 92 117 | 7 673 | 143 147 | 45 990 | 37 361 | 83 351 | 7 157 | 58,3 | 59 795 | + 4 084 | + 4 484 | 4,593 |
| 1887 | 620 289 | 2 351 | | | | | | | | | 56,5 | | | | 5,099 |
| 1888 | 636 420 | 2 446 | 48 685 | 107 469 | 8 524 | 164 679 | 50 746 | 44 558 | 95 304 | 8 233 | 58,1 | 69 288 | + 13 263 | + 9 493 | 5,223 |
| 1889 | 647 035 | 2 501 | | | | | | | | | 57,6 | | | | 5,584 |
| 1890 | 662 031 | 2 594 | 53 501 | 113 043 | 9 096 | 175 641 | 57 838 | 52 938 | 110 776 | 8 782 | 60,4 | 64 928 | + 4 058 | — 4 360 | 4,972 |
| 1891 | 677 423 | 2 605 | | | | | | | | | 62,2 | | | | 4,716 |
| 1892 | 692 536 | 2 677 | 55 679 | 117 244 | 9 683 | 182 606 | 65 576 | 55 584 | 121 160 | 9 130 | 65,2 | 61 684 | + 672 | — 3 244 | 4,270 |
| 1893 | 710 332 | 2 746 | | | | | | | | | 64,2 | | | | 4,521 |
| 1894 | 736 787 | 2 755 | 60 065 | 122 999 | 10 417 | 193 481 | 70 426 | 57 369 | 127 795 | 9 674 | 66,3 | 65 636 | + 4 412 | + 4 002 | 4,282 |
| 1895 | 756 536 | 2 813 | | | | | | | | | 65,7 | | | | 4,515 |
| 1896 | 782 866 | 2 865 | 68 428 | 141 791 | 12 219 | 222 438 | 78 424 | 66 365 | 144 789 | 8 897 | 63,6 | 77 233 | + 6 016 | + 11 547 | 5,07 |
| 1897 | 808 541 | 2 932 | | | | | | | | | 66,8 | | | | 4,64 |
| 1898 | 839 110 | 2 966 | 76 697 | 150 606 | 29 990 | 257 293 | 98 833 | 92 026 | 190 859 | — | 72,9 | 66 434 | — 338 | — 10 799 | 4,08 |
| 1899 | 870 116 | 3 005 | | | | | | | | | 75,4 | | | | 3,70 |
| 1900 | 893 988 | 3 034 | 80 418 | 153 764 | 35 273 | 269 455 | 107 235 | 100 521 | 207 756 | — | 75,8 | 61 301 | — 10 065 | — 5 133 | 3,70 |
| 1901 | 929 577 | 3 058 | | | | | | | | | 78,6 | | | | 3,03 |

gerade hierin, wie sich zeigen wird, ein wesentliches Moment zur Beurteilung der Entwicklung liegt.

Zu erinnern ist vorab daran, daß die Verzinsung des Anlagekapitals im Budget der Eisenbahnen nicht erscheint, ebensowenig die Tilgung des Kapitals, daß also die Ausgaben reine Betriebsausgaben sind.

Faßt man die Anfangs- und Endziffern der Tabelle zusammen, so ergeben sich folgende prozentuale Steigungen:

Es sind gestiegen:

| | |
|---|---|
| Das mittlere Anlagekapital um . . . . . | 61,7 % |
| Die Länge um . . . . . . . . . . . | 56,1 % |
| Die Einnahme aus dem Personenverkehr um | 131,7 % |
| Die Einnahme aus dem Güterverkehr um . | 83,5 % |
| Die Einnahme aus anderen Quellen um . | 443,9 % |
| Die Gesamteinnahmen um . . . . . | 114,4 % |
| Die persönlichen Ausgaben um . . . . . | 161,8 % |
| Die sachlichen Ausgaben um . . . . . . | 204,1 % |
| Die Gesamtausgaben um . . . . . | 180,8 % |

Es ist also das mittlere Anlagekapital verhältnismäßig mehr gestiegen als die Länge, obwohl unter den hier in Berechnung gekommenen Bahnen auch die Sekundärbahnen sich befinden; weiter ist der Personenverkehr wesentlich mehr gestiegen als der Güterverkehr; die außerordentlich hohe Steigerung der Einnahme aus anderen Quellen beruht wohl zum Teil auf einem veränderten Rechnungsschema, welches seit dem Jahre 1898 zur Anwendung gekommen ist. Während aber die Gesamteinnahmen nur um 114,4 % gestiegen sind, beträgt die Steigerung bei den Gesamtausgaben 180,8 %, und es spricht sich dies in dem Wachstum des Betriebskoeffizienten von 59,22 % auf 78,6 % aus; im Jahre 1883 war er sogar auf 55,4 % gefallen. Bei der Steigerung der sachlichen Ausgaben um 204,1 % ist zu berücksichtigen, daß hierunter auch die Löhne für die Bahnunterhaltungsarbeiter und die Löhne der Werkstättenarbeiter mitverrechnet werden. Erstere sind im Budget für 1902/03 mit 4415900 Mk., letztere mit 4948000 Mk. gemeinjährig eingestellt, betragen also ca. 10% der Ausgaben; außerdem liegt die Steigerung auch darin begründet, daß durch das erwähnte neue Schema ein reines Bruttobudget eingeführt ist, während früher gewisse Ausgaben vorher abgezogen wurden.

Prüft man aber die Entwicklung im Verlaufe der einzelnen Perioden, so ergibt sich bei den Einnahmen, namentlich seit der Periode 1883/84, eine sehr erfreuliche Stetigkeit der Zunahme. Es prägt sich zwar in ihnen die größere oder geringere Prosperität der wirtschaftlichen Verhältnisse aus; die Steigerungen sind, je nachdem, größer oder geringer, — aber es sind doch keine eigentlichen Rückschläge zu verzeichnen, und selbst die Periode 1900/01, die wenigstens zum Teil unter dem Einflusse einer wirtschaftlichen Depression gestanden hat, weist noch immer ein Wachstum der Einnahmen von über 12000000 Mk. nach; die Rückschläge, die sich aus der Vergleichung der Überschüsse, teils im Verhältnisse zum Etat, teils im Verhältnisse zur Vorperiode, ergeben, liegen also teils in einer absoluten Erhöhung der Ausgaben, teils in der Art der Aufstellung des Etats, bei der die nötige Vorsicht nicht immer bewahrt worden ist. Es fallen dabei hauptsächlich die Perioden 1892/93 und 1898/99 ins Auge; dies aber sind gerade die Perioden, in denen eine neue Regelung der Gehaltsverhältnisse stattgefunden hat, und es muß daher hierauf näher eingegangen werden.

Nachdem der Eisenbahnetat für 1892/93 in Verbindung mit der damaligen Aufbesserung und Neuregelung der Gehalte zum Besten der Beamten auch eine Vermehrung der Stellen, und zwar um 1514, gebracht hatte, so daß die Gesamtzahl der etatsmäßigen Stellen von 9901 auf 11415 erhöht worden war, wurden im Etat für 1894/95: 586 und im Etat für 1896/97: 666 neue Stellen geschaffen; der Etat für 1898/99 aber brachte, außer der für das Jahr 1899 beabsichtigten Umgestaltung der Organisation, eine Vermehrung um 1337 Stellen. Während des Landstags aber erhöhte die Regierung selbst diese Zahl um weitere 490, also auf 1827. Der dem vorgelegten Etat gegenüber entstehende Mehraufwand wurde von der Regierung auf 672 120 Mk. veranschlagt. Weiter aber gab die Deputation selbst die Anregung zu einer Aufbesserung des Gehaltes der Stationsassistenten, um sie den Bureauassistenten gleichzustellen und dadurch den Übertritt aus einer Stellung in die andere zu erleichtern, sowie gewisser Gruppen von unteren Beamten, als Feuermännern, Lokomotivführern, Bahnmeisterassistenten ꝛc. Der durch beide Maßregeln entstehende Mehraufwand wurde von der Regierung auf 479 310 Mk. gemeinjährig veranschlagt. Um die Deckung für diese Mehrausgaben von insgesamt: 1 152 030 Mk. zu finden, legte die Regierung einen Nachtragsetat für die Staatsbahnen vor, in dem gewisse Einnahmepositionen höher eingestellt wurden. In ihrer Erklärung auf die Anregungen der Deputation sagte die Regierung, nachdem sie die Gründe entwickelt hatte, warum sie nicht selbst auf eine Erhöhung der Gehalte der Stationsbeamten zugekommen sei, folgendes:

> „Wenn aber die geehrte Deputation auch diesmal die Ansicht vertritt, daß die Stationsbeamten, sowohl was ihre Gehaltsbemessung bei der ersten Anstellung als auch was ihre Aussichten auf Vorrücken in bessere Stellen anlangt, den Bureaubeamten gegenüber zu ungünstig gestellt seien, und daß in beiden Beziehungen noch im gegenwärtigen Etat ein weiterer Schritt vorwärts geschehen möchte, so befindet sich das Finanzministerium nicht in der Lage, das den Beamten des Stationsdienstes bezeugte Wohlwollen zurückzuweisen, wenn es auch bei

dem ohnehin schon hervortretenden starken Anwachsen des Personaletats und bei den weiteren Ansprüchen, welche wegen Abkürzung der Dienstzeit bereits angemeldet sind, seine Bedenken wegen der künftigen Rentabilität des Staatseisenbahnbetriebes nicht ganz unterdrücken kann."

Die Deputation, die den Beitritt zu den von der Regierung an sie gebrachten Vorschlägen beantragte, bemerkte in ihrem Berichte dazu:

„Die Notwendigkeit einer Hinaufschraubung der Einnahmeschätzung ist der Deputation sehr unerfreulich. Sie teilt durchaus die von dem Königl. Finanzministerium berührten »Bedenken wegen der künftigen Rentabilität des Staatseisenbahnbetriebes« und hat ihrerseits denselben wiederholt Ausdruck gegeben (mit eingehender Erörterung der in Betracht kommenden Momente, namentlich im Berichte Nr. 127, S. 63, vom Landtag 1895/96), aber sie glaubt sich damit durch ihr Verhalten zu dem vorliegenden Personaletat nicht im Widerspruch zu befinden. Sie ist der Meinung, daß die Erträge der Eisenbahnen doch in erster Linie für die Bedürfnisse des Eisenbahnbetriebs selbst zu verwenden sind, und dazu gehört unzweifelhaft ganz besonders auch eine befriedigende Ordnung der Verhältnisse der im Eisenbahndienste beschäftigten Personen, sowohl hinsichtlich der ihnen auferlegten Arbeitsleistung wie der zu gewährenden Bezahlung."

(Vergl. zu dem ganzen Vorgange den oben zitierten Bericht 134 vom Jahre 1898, insbesondere S. 596 ff., S. 606, S. 609 ff.)

Die Kammern traten den Vorschlägen bei, und es sei fern, an den gefaßten Beschlüssen eine Kritik üben zu wollen, aber man wird sich doch der Erkenntnis nicht verschließen dürfen, daß die ungünstige finanzielle Lage unseres Staatseisenbahnbetriebes zu einem ganz wesentlichen Teile in der starken Steigerung des Personaletats liegt; in dem kurzen Zeitraum von vier Jahren, von Ende 1897—1901, ist derselbe um **29000000 Mk.** in der Periode gestiegen; die Gesamtausgaben sind in demselben Zeitraume um 63000000 Mk. gewachsen, während die Einnahmen nur um 47000000 Mk. gestiegen sind! Trotz dieser sehr erfreulichen Zunahme der Einnahmen ist es daher sehr begreiflich, daß das Betriebsresultat, ganz abgesehen von der höheren Zinsenlast durch Vermehrung des Anlagekapitals, sich gegen früher wesentlich ungünstiger gestaltet hat.

Auch der oben zitierte Bericht Nr. 234 der Finanzdeputation A der II. Kammer vom Landtage 1901/02 hat der Höhe der persönlichen Ausgaben in Sachsen seine besondere Aufmerksamkeit gewidmet, und aus dem von ihm gegebenen Zahlenmaterial sei nur einiges an dieser Stelle wiederholt:

Nach der Reichsstatistik hatten im Jahre 1899 die sächsischen Bahnen den höchsten Aufwand für die persönlichen Ausgaben. Es entfielen von den Gesamtausgaben:

| | auf persönliche Ausgaben | auf sächliche Ausgaben |
|---|---|---|
| in Baden . . . . | 47,01 % | 52,99 % |
| „ Bayern . . . . | 49,45 % | 50,55 % |
| „ Sachsen . . . . | **52,75 %** | **47,25 %** |
| „ Württemberg . . | 45,28 % | 54,72 % |
| „ Preußen-Hessen . | 48,42 % | 51,58 % |

Von den persönlichen Ausgaben der gesamten Betriebsverwaltung, das ist der Gesamtsumme der an sämtliche Beamte und Arbeiter gezahlten Gehalte und Löhne, entfallen:

| | auf 1 km Betriebslänge Mk. | auf 100 000 Nutzkilometer Mk. | auf 100 000 Wagenachskilometer Mk. | auf 100000 M. Bruttoeinnahme Mk. |
|---|---|---|---|---|
| in Baden . . . | 16 961 | 132 941 | 3930 | 36 596 |
| „ Bayern . . . | 11 196 | 127 658 | 3882 | 38 743 |
| „ Sachsen . . | **18 962** | **170 695** | **4970** | **43 339** |
| „ Württemberg . | 10 712 | 112 413 | 4030 | 34 809 |
| „ Preußen-Hessen | 14 396 | 137 653 | 3405 | 32 362 |

während die sächlichen Ausgaben in folgendem Verhältnis stehen:

| | auf 1 km Betriebslänge Mk. | auf 100 000 Nutzkilometer Mk. | auf 100 000 Wagenachskilometer Mk. | auf 100000 M. Bruttoeinnahme Mk. |
|---|---|---|---|---|
| in Baden . . . | 15 784 | 1258 | 37 | 34 057 |
| „ Bayern . . . | 9 942 | 1133 | 34 | 34 402 |
| „ Sachsen . . | **15 407** | **1387** | **41** | **35 213** |
| „ Württemberg . | 11 107 | 1156 | 42 | 36 091 |
| „ Preußen-Hessen | 13 115 | 1254 | 31 | 29 482 |

Auch die bei den Bahnen beschäftigte Anzahl der Beamten, Diener und Arbeiter ist in Sachsen die höchste; diese Anzahl, durchschnittlich auf 1 km Bahnlänge berechnet, hat betragen:

| | |
|---|---|
| in Baden . . . . . . . . | 11,51 |
| „ Bayern . . . . . . . . | 8,21 |
| „ Sachsen . . . . . . | **14,69** |
| „ Württemberg . . . . | 8,27 |
| „ Preußen-Hessen . . . | 11,51 |

und dabei ist — worauf der Bericht ausdrücklich aufmerksam macht — zu berücksichtigen, daß in Sachsen die gesamte Länge aller Bahnen, mögen dieselben vollspurig oder schmalspurig sein, zu Grunde gelegt ist und die schmalspurigen Bahnen in Sachsen 14 % der Gesamtlänge ausmachen, andere Staaten aber entweder gar keine oder nur ganz geringe Längen von schmalspurigen Strecken aufweisen.

Man wird sich diesen hohen Anteil, welchen in Sachsen der Personaletat an dem Gesamtetat hat, zu vergegenwärtigen haben, wenn man die Aussichten prüft, die wir in Sachsen für eine bessere Gestaltung des Eisenbahnetats haben. Es ist ganz richtig, wenn der erwähnte Bericht 234, S. 1045 sagt, daß der ungünstige Einfluß der unrentablen Linien auf das Gesamtergebnis überschätzt wird, und dies auch noch auf anderem Wege nachzuweisen sucht. Natürlich vermehrt jede neue Linie den Personalbestand und beeinflußt so den Personaletat, aber die hauptsächlich zu Buche schlagenden Ausgaben liegen doch in der veränderten Regelung der Gehalte, Löhne und Dienstzeit. Die ungünstige Beeinflussung durch Erhöhung des Anlagekapitals kommt ja in Kapitel 16 selbst gar nicht zur Erscheinung und wird nur in den statistischen Ziffern der Rentabilität zum Ausdrucke gebracht. Selbstverständlich wird man auch davor zurückschrecken müssen, daß, solange die Betriebsergebnisse sich nicht gebessert haben, die Schulden- und Zinsenlast erhöht wird. Aber ob die Betriebsergebnisse sich bessern, das wird wesentlich davon abhängen, ob das Verhältnis von Einnahmen und Ausgaben sich bessern werde. Dabei ist es aber nun von größter Bedeutung, daß die Steigerung der Ausgaben so wesentlich bei dem Personaletat eingetreten ist; denn hier eine Abminderung eintreten zu lassen, ist besonders schwierig; zum Teile stehen hier wohlerworbene Rechte entgegen, und man wird auch nicht daran denken dürfen, die Löhne herabzudrücken oder die Arbeitszeiten zu erhöhen.

Man hat es auch hierbei mit einem wirtschaftlichen Gesetze zu tun, das Ad. Wagner in seiner „Finanzwissenschaft" als das „Gesetz des Wachsens der Staatsbedarfe" bezeichnet, und welches Schäffle als ein Moment des allgemeinen Gesetzes der sozialen Entwicklung nachgewiesen hat (so u. a. im „Bau und Leben des sozialen Körpers",

2. Bd., S. 187 ff., 339). Dieses Anwachsen der Staatsausgaben namentlich auf dem persönlichen Gebiete wird auch von Buchenberger a. a. O. S. 49 als charakteristisch für unsere Entwicklung in folgender Weise geschildert:

„Je größer die Anforderungen sind, die die Allgemeinheit an den Staat als solchen stellt, um so nötiger werden von Zeit zu Zeit Verstärkungen des Beamtenkörpers, um so mehr differenziert sich zugleich die Beamtenhierarchie gemäß der Verschiedenheit der an sie gestellten amtlichen Ansprüche, um so schwieriger wird dann aber auch die Ordnung der äußeren Lebensstellung der Beamten. Zunahme des Beamtenkörpers und starkes Anwachsen des durch die Bezahlung des Beamtenapparats verursachten Aufwands sind die allgemeinsten Begleiterscheinungen des modernen Staates. Ein erheblicher Teil des gesamten Staatsbedarfs entfällt auf die Funktionen des öffentlichen Dienstes, und an der fortgesetzten Steigerung des Staatsaufwands hat das Vorhandensein einer numerisch starken und reichgegliederten Beamtenhierarchie einen nicht geringen Anteil."

Aus der Prüfung der einzelnen Zweige der Staatsverwaltung hat sich bereits ergeben, daß in allen das Walten dieses wirtschaftlichen und sozialen Gesetzes zu beobachten gewesen ist. Hier ist zunächst nur die dadurch für unser Eisenbahnbudget geschaffene Lage ins Auge zu fassen und dabei mit der Tatsache zu rechnen, daß eine Abminderung der persönlichen Ausgaben ihre sehr bestimmte Grenze an den vorgenommenen Gehalts- und Lohnregulierungen hat. Ob eine größere Reduktion durch veränderte Verwaltungsorganisation möglich ist, wie man sie in Preußen mit so großem finanziellen Erfolge vorgenommen hat, das muß und wird natürlich einen Gegenstand sorgfältigster Prüfung für die Regierung bilden; allein, bestimmte Vorschläge in dieser Richtung wird selbstverständlich nur der machen können, der die Erfordernisse des Dienstes genau kennt.

Was nun aber die für unsere Staatseisenbahnen einzuschlagende Finanzpolitik anlangt, so wird man darüber zunächst ja nicht in Zweifel sein können, daß der wachsende Ausgabeetat für persönliche Dienste unter die ordentlichen Staatsausgaben gehört und also durch die ordentlichen Staatseinnahmen gedeckt werden muß, und man wird also vor der Frage stehen, ob dies, wenn die eigenen Einnahmen der Eisenbahnen dazu nicht mehr zureichen, durch die allgemeinen Staatseinnahmen, also eventuell durch Steuern oder durch Erhöhung des Preises für die Benutzung der Eisenbahnen, also der Tarife, geschehen soll. Man hat es hierbei vor allem mit der Frage zu tun, welche Bedeutung der kurzfristigen Periodizität der Staatshaushaltsperioden gegenüber der unregelmäßigen Periodizität der das Staats- und Gesellschaftsleben bestimmenden sozialen und natürlichen Faktoren beizulegen ist. Schäffle in seiner Abhandlung „Zur Theorie der Deckung des Staatsbedarfes" in der Zeitschrift für die gesamte Staatswiss., Jahrg. 1883, S. 273 ff., 633 ff. und Jahrg. 1884, S. 107 ff., weist die große Bedeutung nach, welche die größere oder geringere Länge der Budgetperioden für den Begriff des außerordentlichen Staatsbedarfes hat; vgl. namentlich Jahrg. 1883, S. 286 ff. Handelt es sich nun auch bei den persönlichen Ausgaben um regelmäßig wiederkehrende Ausgaben, und gehören sie deshalb zu den ordentlichen, so können doch auch hier durch plötzliche gesetzgeberische oder sonstige Maßregeln Stöße erfolgen, die das Gleichgewicht zwischen Wachstum der Einnahmen und Ausgaben stören. Diese Störungen werden aber dann um so empfindlicher sein, wenn mit dem plötzlichen Emporschnellen der Ausgaben eine durch wirtschaftlich ungünstige Zeiten verlangsamte Entwicklung der Einnahmen entweder gleichzeitig oder doch bald darauf sich vollzieht, wie das gerade bei uns der Fall ist. Man wird sich in diesem Falle zu fragen haben, ob das gestörte Gleichgewicht sich in längeren Perioden wieder ausgleichen dürfte, oder ob man für entsprechende Erhöhung der ordentlichen Deckung in Zeiten zu sorgen habe. Als ein ungünstiges Zeichen darf es in dieser Beziehung angesehen werden, daß nicht nur in der Periode 1898/99, an deren Beginn die neuen Regulierungen der Gehalte und Löhne in Kraft getreten sind, eine außerordentliche Erhöhung der persönlichen Ausgaben stattgefunden hat, sondern daß auch die Periode 1900/01 abermals ein Wachstum dieser Ausgaben um 5000000 Mk. aufweist. Anderseits erweckt die trotz mancher Schwankungen doch im ganzen stetige Zunahme der Einnahmen die Hoffnung, daß nach der gegenwärtigen ungünstigen Periode wieder eine erhebliche Besserung eintreten werde, und die Symptome dafür zeigen sich ja bereits. Es dürfte deshalb alles darauf ankommen, ob in dem Wachstum der Ausgaben, namentlich der persönlichen, ein gewisser Beharrungszustand eingetreten sei und sich erhalten lasse, bis die Einnahmen nachgekommen sind, und die obige Vergleichung dieser Ausgaben in Sachsen mit denen anderer deutscher Staaten berechtigt wohl zu der Erwartung, daß dies möglich sein werde, ohne die mit den Beschlüssen von 1898 gewährten Vergünstigungen einschränken zu müssen. Natürlich wird sich dabei die ganze Verwaltung von den obersten Spitzen bis zu den untersten Gliedern mit jenem Geiste der Sparsamkeit durchdringen müssen, der so leicht verloren geht, wenn man in einer Überfülle der Einnahmen sitzt, und der auch bei uns in einem gewissen Grade verloren gegangen zu sein schien[1]).

[1]) Nachdem Vorstehendes geschrieben, ist der Rechnungsabschluß für 1902 bekannt geworden, und es hat sich danach die hier ausgesprochene Hoffnung bereits zu erfüllen begonnen, indem der im Etat eingestellte Überschuß durch

## 2. Grundsätze für die Aufstellung des Budgets der Staatsbahnen.

Um aber hier das rechte Maß und Ziel überhaupt feststellen und festhalten zu können, ist allererstes Erfordernis: die Aufstellung eines Budgets für die Staatsbahnen, aus welchem die auf ihm ruhenden Ausgaben sich klar erkennen lassen.

Wie oben bereits erwähnt, erscheinen in Kapitel 16 des Staatshaushaltsplanes nicht die Verzinsung und Tilgung der Eisenbahnschuld, und es ist deshalb der Reinüberschuß der Eisenbahnen aus dem Etat nicht zu erkennen. In den Kammern ist es wiederholt zur Aussprache gekommen, daß hierin ein Mangel liege, und zuletzt hat sich der Bericht der Finanzdeputation A der II. K. Nr. 198 (L. A. von den Jahren 1899/1900, II. Bd., 1. Tl., S. 867) eingehend mit der Abstellung dieses Mangels beschäftigt. Das Finanzministerium hat durch die a. a. O. abgedruckte Mitteilung abgelehnt, die Verzinsung und Tilgung in den Etat selbst aufzunehmen, der Deputation aber eine statistische Berechnung mitgeteilt, wie sich nach dem Voranschlage von 1900/01 der Reinüberschuß der Staatsbahnen für diese Jahre stellen würde, und sich bereit erklärt, die gleiche Berechnung weiter fortzusetzen und bei Aufstellung des künftigen Etats bei Kapitel 16 in gedrängter Form eine entsprechende Aufstellung anzubringen. Es bemerkte dabei:

„Zumal angesichts des Umstandes, daß für die Gegenwart und für die nächste Zukunft zweifellos eine namhafte Vermehrung der Eisenbahnschuld zu erwarten

---

Ersparnisse bei den Ausgaben um 5 355 681 Mk. (im ganzen 35 699 931 Mk.) überstiegen worden ist. Die Verzinsung des Anlagekapitals ist dadurch auf 3,706 % gegen 3,035 % im Vorjahre gestiegen, der Betriebskoeffizient von 78,642 % im Vorjahre auf 72,425 % gefallen.

ist, der ein in gleichem Verhältnis erhöhter Überschuß kaum gegenüberstehen dürfte, wird eine solche Bemerkung in der Tat dazu dienen können, irrtümliche Vorstellungen über die Überschüsse der Staatsbahnen zu beseitigen und die infolgedessen vielfach noch an die Eisenbahnverwaltung gestellten ungerechtfertigten Forderungen auf das richtige Maß zurückzuführen."

Die Deputation faßte hierbei Beruhigung und nahm das Anerbieten der Königl. Staatsregierung, mit der Berechnung der Eisenbahnschuld und deren Tilgung und Verzinsung in den zukünftigen Staatshaushaltsetats bei Kapitel 16 fortzufahren, sehr gern an. Im Staatshaushaltsetat pro 1902/03 ist die Berechnung nicht zu finden, sie ist aber im Berichte der Finanzdeputation A der II. K. Nr. 234 (L. A. von den Jahren 1901/2, Berichte der II. K., 2. Bd., S. 1028 ff.) enthalten, und wird danach der Reinüberschuß für diese Periode auf 2902950 Mk. gemeinjährig veranschlagt.

Es liegt aber auf der Hand, daß eine solche bloße statistische Berechnung bei weitem nicht den Wert hat, den eine Einstellung in den Etat haben würde; die erstere dient gewissermaßen nur zur Kenntnisnahme, und es bleibt dem Leser überlassen, welche Bedeutung er dieser Kenntnis beilegen will. Eine solche Notiz, zumal wenn sie nicht im Etat selbst erscheint, wird aber auch viel weniger bekannt. Eine Einstellung in die Bedürfnisse des Etats selbst redet eine ganz andere Sprache, besonders wenn es notwendig werden sollte, zur Deckung des Eisenbahnetats Mittel der allgemeinen Staatsverwaltung heranzuziehen, und es muß deshalb als ein unerläßliches Erfordernis einer geordneten Verwaltung bezeichnet werden, daß aus dem Etat der Eisenbahnen die auf der Verwaltung ruhenden Lasten und Ausgaben ausnahmslos erkannt werden. Nur so auch läßt sich der von der Staatsregierung selbst in den oben wiedergegebenen Worten wiedergegebene Zweck erreichen.

Die Bedenken, die bisher der angeregten Etatisierung namentlich von der königlichen Staatsregierung entgegengestellt worden sind, liegen zuvörderst in der Feststellung des Anlagekapitals der Eisenbahnen. Das mittlere Anlagekapital, das in der Tabelle 10 (S. 59) aufgeführt ist, und das sich für das Jahr 1901 auf 929 577 000 Mk. stellt, ist dasjenige Kapital, welches für die Eisenbahnen wirklich aufgewendet worden ist, aber ohne alle Abschreibungen. Die Rentabilität der Eisenbahnen wird nach diesem Kapitale berechnet, und es ist nicht zu verkennen, daß, wenn man die Eisenbahnen als ein selbständiges Unternehmen für sich betrachtet, in dieser Berechnungsweise eine gewisse Unbilligkeit gegen dasselbe liegt. Dies erhellt am deutlichsten schon daraus, daß, wie aus der Aufstellung S. 55 hervorgeht, das nach dem gedachten Verfahren berechnete Anlagekapital der Eisenbahnen wesentlich höher ist als die gesamte Staatsschuld. Letztere betrug Ende 1899: 829 822 000 Mk., während das mittlere Anlagekapital der Eisenbahnen um diese Zeit bereits 870 116 000 Mk. betrug, also um rund 60 000 000 Mk. höher war. Bereits im Landtage 1895/96 war von der Finanzdeputation A der II. K. (vergl. Nr. 127) die Anregung zur Einstellung von Verzinsung und Tilgung der Eisenbahnschuld in den Eisenbahnetat gegeben und zu diesem Zwecke der Versuch gemacht worden, das ideelle Anlagekapital zu berechnen. Nach der beim Landtage 1899/1900 abermals in der II. K. gegebenen Anregung zu einer Feststellung, wieviel von den Überschüssen der Staatseisenbahnen für Verzinsung und Tilgung der zu ihrer Anlage verwendeten Staatsschulden gebraucht werde, äußerte sich nun das Finanzministerium, wie folgt:

„Die gewünschte Feststellung ist bekanntlich nicht ganz einfach, denn wenn auch das tatsächlich für die Eisenbahnen verausgabte Anlagekapital jeweilig berechnet wird, so kann dieses Kapital doch nicht als Grundlage der Berechnungen für den Schuldendienst angenommen werden, da die Kosten der Eisenbahnbauten nicht nur aus den Staatsanleihen, sondern zu einem namhaften Teile auch aus den Überschüssen früherer Finanzperioden, sowie aus sonstigen, mit den Staatsschulden in keinem Zusammenhange stehenden Zuflüssen zum mobilen Staatsvermögen bestritten worden sind, diese Überschüsse und Zuflüsse aber bei der Verzinsung und Tilgung der Staatsschulden außer Betracht zu bleiben haben.

Andererseits steht nicht ohne weiteres fest, welcher Teil der gesamten Staatsschuld als Eisenbahnschuld anzusehen ist. Nur gewisse Anleihen sind teils schon aus ihrer äußeren Bezeichnung, teils aus den einschlägigen Anleihegesetzen und ihren Motiven als Eisenbahnschulden erkennbar, während dies bei sämtlichen Rentenanleihen — soweit sie nicht unmittelbar zum Umtausch gegen Aktien angekaufter Privatbahnen verwendet wurden — nicht der Fall ist."

Zur Überwindung dieser, wie man zugestehen muß, vorhandenen Schwierigkeiten sind nun verschiedene Vorschläge gemacht worden. Es kommt dabei namentlich auch auf die Beantwortung einer prinzipiellen Frage an, nämlich einerseits, ob alle diejenigen Überschüsse, welche die Eisenbahnen über das Zinsenbedürfnis hinaus an den Staat abgeliefert haben, als Kapitalabschreibung behandelt werden sollen, und anderseits, ob diejenigen Aufwendungen, welche aus den Überschüssen des allgemeinen Staatshaushalts für Eisenbahnen bestritten worden sind, ohne Rücksicht darauf, ob sie von den Eisenbahnen oder von anderen Verwaltungen herrühren, dem Eisenbahnkonto als Schuld belastet werden sollen oder nicht.

Den ersteren Weg hat die Königliche Generaldirektion der sächsischen Staatsbahnen in ihrem statistischen Berichte auf das Jahr 1892 eingeschlagen. Sie hat die Güte gehabt, für den Verfasser dieses die Berechnung bis mit zum Jahre 1901 fortzusetzen, und ist für dieses Jahr zu einem ideellen mittleren Anlagekapital von

604 392 088 Mk.

gelangt, gegenüber einem wirklich aufgewendeten Kapitale von

929 599 413 Mk.

Das würde also eine Tilgung von rund 325 000 000 Mk. ergeben. Es bildet diese Berechnungsweise allerdings eine Analogie zu dem preußischen sogenannten Garantiegesetz vom 27. März 1882, allein, sie hat doch das Bedenken gegen sich, daß alle diejenigen Aufwendungen, welche aus den Überschüssen der Eisenbahnen im Staatshaushalte außer den Schuldentilgungen bestritten worden sind, nachträglich als à Konto Staatsschuld gemacht erscheinen und den Anteil des Staates an der Staatsschuld, wenn man ihm das Eisenbahnunternehmen gegenüberstellt, für unproduktive Zwecke und ordentliche Bedürfnisse vermehren würden.

Demgegenüber hat nun die Königliche Staatsregierung in ihren Mitteilungen an die Finanzdeputation A der II K. den anderen Weg eingeschlagen, indem sie ermittelte: 1. von der ursprünglichen Gesamtschuld den auf die Eisenbahnen entfallenden Anteil, 2. den Betrag der Eisenbahnschuld am Schlusse eines bestimmten Jahres und danach 3. die mit Ende des betr. Jahres planmäßig und außerplanmäßig erfolgte Tilgung der Eisenbahnschuld. Bezüglich der Verwendungen zu Eisenbahnzwecken, deren Deckungsmittel in den Rentenanleihen von 1876 an gefunden worden sind, hat die Regierung zunächst die Verwendungen für Eisenbahnzwecke festgestellt, sodann die im betr. Zeitabschnitte aus dem Restbetrag der Überschüsse und den in der Staatsvermögensrechnung verschriebenen Zuflüssen berechnet, hiervon zunächst die im außerordentlichen Etat verschriebenen Ausgaben, die nicht Eisenbahnzwecke betreffen, abgezogen, den Rest auf die Verwendungen für Eisenbahnzwecke abgerechnet und die so gefundene Summe nach dem für die Rentenanleihen erzielten Durchschnittskurse umgerechnet. Auf diese Weise sind nach dem zitierten Berichte 234 bis zum Schlusse des Jahres 1900 berechnet:

| | | |
|---|---|---|
| 434 749 979 | Mk. | aus den Rentenanleihen; hiervon ab |
| 54 980 824 | „ | aus den Überschüssen ꝛc. für Eisenbahnzwecke nach Abzug der sonstigen Ausgaben übrig geblieben |
| 379 769 155 | Mk. | und diese umgerechnet nach einem Durchschnittskurs von 81,5 % ergibt einen Betrag von 465 974 400 Mk., welcher in die Kolonne der Eisenbahnschuld für den Schluß des Jahres 1900 eingestellt ist. |

Auf diese Weise ist der Betrag der Eisenbahnschuld für den Schluß des Jahres 1900 auf

696 589 650 Mk.

und die planmäßige und außerplanmäßige Tilgung auf

173 974 050 Mk.

festgestellt. Gegenüber einem Stande der gesamten Staatsschulden am Schlusse des Jahres 1900 würde also dann auf die allgemeinen Staatszwecke außer den Eisenbahnen eine Schuld von

180 573 300 Mk.

entfallen.

Der Bericht der Deputation der II. K. Nr. 190 vom Landtage 1899/1900 erklärt diese von der Regierung angewendete Methode für „einwandfrei“. Und man kann dem wohl zustimmen. Was insonderheit die Aufwendung ordentlicher Einnahmen für das Anlagekapital anlangt, so wird man keine Bedenken dagegen erheben können. So sagt auch Schäffle in der erwähnten Abhandlung in der Zeitschrift für das ges. Staatswesen, Jahrgang 1884, S. 130:

„Wir anerkennen einerseits nicht, daß nur sogenannte ‚produktive‘ und ‚reproduktive‘ Schulden zulässig seien. Wir bestreiten andrerseits, daß die ‚produktiven‘ geschweige ‚reproduktive‘ Ausgaben nicht durch ordentliche Einnahmen gedeckt werden dürfen, fordern vielmehr möglichst diese Deckung.“

Hier handelt es sich nun zumal um eine Verwendung von Überschüssen, die aus nicht mehr kontrollierbaren einzelnen Quellen geflossen sind, und es entspricht daher nur einer soliden Gebarung, wenn ihre Anlegung für Eisenbahnzwecke nicht als ein zu verzinsendes Aktivum behandelt wird.

Zu ähnlichen Resultaten gelangt man übrigens auch noch auf anderen Wegen. In dem Zeitraume von 1880/81 bis 1898/99 sind an Zinsen gezahlt worden 447 224 000 Mk.; gleichzeitig sind Schulden planmäßig und außerplanmäßig getilgt worden: 212 766 000 Mk., in Summa 659 990 000 Mk. In dem gleichen Zeitraum haben die Eisenbahnen Überschüsse an die Staatskasse abgeliefert: 629 988 000 Mk. Würde man die ganzen Zinsen von 447 000 000 Mk. dem Konto der Eisenbahnen belasten, so würde von der Tilgung der 212 766 000 Mk. der nach Abzug der Zinsen restierende Betrag von 182 764 000 Mk. auf die Tilgung der Eisenbahnschuld gerechnet werden können.

Ferner ist in der Tabelle 11 eine Ermittlung der Eisenbahnüberschüsse versucht worden, die sich ergibt, wenn man für die einzelnen Perioden ein mittleres Staatsschuldenkapital berechnet, nach den in dieser Periode wirklich gezahlten Zinsen den durchschnittlichen Zinsfuß und aus der Differenz mit der für das mittlere Anlagekapital der Eisenbahnen festgestellten Ren-

Tabelle 11. (In 1000 Mk.)

| Jahr | Staatsschuld am Anfang der Periode Mk. | Staatsschuld am Schluß der Periode Mk. | Zweijähriger Durchschnitt Mk. | Zweijähriger Durchschn. der Zinsen Mk. | Hieraus sich ergebender durchschn. Zinsfuß % | Rentabilität der E.-B. % | Differenz % | Mittleres Eisenbahn-Anlagekapital Mk. | Überschuß für Tilgung und andere Zwecke Mk. | Desgleichen für die Periode Mk. |
|---|---|---|---|---|---|---|---|---|---|---|
| 1880 | 694 343 | 689 683 | 692 013 | 23 651 | 3,42 | 4,43 | 1,01 | 574 735 | 5 804 832 | 11 897 605 |
| 1881 | | | | | | 4,57 | 1,15 | 580 265 | 6 092 782 | |
| 1882 | 689 683 | 676 702 | 683 192 | 23 241 | 3,40 | 4,94 | 1,54 | 581 047 | 8 948 123 | 17 961 383 |
| 1883 | | | | | | 4,93 | 1,53 | 589 102 | 9 012 260 | |
| 1884 | 676 702 | 659 547 | 668 079 | 22 689 | 3,39 | 4,57 | 1,18 | 595 351 | 7 025 141 | 14 909 493 |
| 1885 | | | | | | 4,70 | 1,31 | 601 859 | 7 884 352 | |
| 1886 | 659 547 | 666 515 | 662 531 | 22 180 | 3,35 | 4,59 | 1,24 | 612 307 | 7 592 606 | 18 311 195 |
| 1887 | | | | | | 5,09 | 1,74 | 621 758 | 10 718 589 | |
| 1888 | 666 531 | 652 261 | 659 388 | 22 234 | 3,37 | 5,22 | 1,85 | 641 714 | 11 471 709 | 25 841 106 |
| 1889 | | | | | | 5,58 | 2,21 | 650 199 | 14 369 397 | |
| 1890 | 652 261 | 626 840 | 639 550 | 21 399 | 3,34 | 4,97 | 1,63 | 664 984 | 10 839 239 | 20 124 646 |
| 1891 | | | | | | 4,71 | 1,37 | 677 767 | 9 285 407 | |
| 1892 | 626 840 | 670 771 | 648 805 | 20 203 | 3,11 | 4 27 | 1,16 | 697 785 | 8 094 306 | 18 188 834 |
| 1893 | | | | | | 4,52 | 1,41 | 715 924 | 10 094 452 | |
| 1894 | 670 771 | 720 258 | 695 514 | 21 729 | 3,12 | 4,28 | 1,16 | 737 196 | 8 551 473 | 19 133 873 |
| 1895 | | | | | | 4,51 | 1,39 | 761 331 | 10 582 400 | |
| 1896 | 720 258 | 754 164 | 737 211 | 22 594 | 3,06 | 5,07 | 2,01 | 783 977 | 15 757 937 | 28 590 724 |
| 1897 | | | | | | 4,64 | 1,58 | 812 265 | 12 832 787 | |
| 1898 | 754 164 | 829 822 | 791 993 | 23 692 | 3,00 | 4,08 | 1,08 | 839 100 | 9 062 280 | 16 152 980 |
| 1899 | | | | | | 3,70 | 0,70 | 870 100 | 6 090 700 | |

tabilität den Überschuß berechnet, den die Eisenbahnen nach Abzug der Zinsen an die Staatskasse abgeliefert haben würden. Natürlich handelt es sich bei Feststellung solcher Durchschnittswerte immer nur um gewisse Annäherungswerte, auf die es aber doch für den vorliegenden Zweck allein ankommen kann. Hiernach würden die so berechneten Überschüsse, die nach der Verzinsung übrig bleiben, in dem fraglichen zwanzigjährigen Zeitraume

191 106 000 Mk.

ausmachen; also auch hier kommt man zu einem Tilgungsbetrage, der es unbedenklich erscheinen läßt, die von der Regierung nach Obigem ermittelte Summe der zukünftigen Gebarung im Staatsbudget zu Grunde zu legen. Nach der Stellung, die die Finanzdeputationen der beiden Kammern zu der von der Regierung gewählten Methode eingenommen haben, dürfte es in hohem Grade wahrscheinlich sein, daß eine Einigung mit den Kammern werde zu erzielen sein. Allerdings wird ein Bedenken, welches schon mehrfach hervorgetreten ist, nicht ganz beseitigt werden, nämlich daß die durch Abnutzung oder infolge baulicher Veränderungen in Wegfall gekommenen Werte nicht abgeschrieben werden; allein, für den Anfang kommt es nur darauf an, sich über eine gewisse Summe als Ausgangspunkt zu einigen; da muß bis zu einem gewissen Grade der Knoten durchhauen werden; für die spätere Behandlung werden Grundsätze gefunden werden müssen.

Mit der Feststellung des zu verzinsenden Anlagekapitals für eine gewissermaßen als Eröffnungsbilanz erscheinende neue Etatisierung ist nun aber eine ganze Reihe von schwerwiegenden prinzipiellen Fragen verknüpft.

Zunächst fragt es sich: Wie soll das festgestellte Anlagekapital verzinst werden? Man kann sich die Sache so denken, daß der durchschnittlich für die Staatsschulden bezahlte Zinsfuß für den durchschnittlichen Anteil der Eisenbahnen an den Staatsschulden berechnet und der hiernach sich ergebende Betrag im Etat der Eisenbahnen (Kapitel 16) in Ausgabe, und im Kap. 25: Verzinsung der Staatsschulden, in Einnahme gestellt wird. Oder man kann auch bestimmte Schulden oder Teile von Anleihen aus der Gesamtheit der Staatsschulden ausscheiden und sie als Schuld der Eisenbahnen dem Etat der letzteren überweisen. Die Finanzdeputation A hat an den ersteren Weg gedacht (vgl. Bericht 127 vom Landtage 1895/96 und Bericht 190 vom Landtage 1899/1900), und es ist gewiß nicht zu verkennen, daß schon dadurch eine größere Klarheit in das Eisenbahnbudget gebracht werden würde, aber immerhin würde es etwas Unvollkommenes bleiben, weil man es ja doch noch mit Durchschnittswerten, sowohl bezüglich des Zinsfußes als des mittleren Kapitals zu tun hätte. Die Frage hängt aber noch mit einer tiefergreifenden zusammen, nämlich der Tilgung der Schuld, und dieser ist daher zunächst eine Betrachtung zu widmen, namentlich da die Eisenbahnschuld einen so überwiegenden Teil unserer Staatsschuld ausmacht, und die Finanzpolitik, die man für die erstere einschlägt, deshalb auch ausschlaggebend für die letztere ist.

Bekanntlich ist es ein in der Wissenschaft wie in der Praxis noch nicht ausgetragener Streit, ob es richtiger sei, einen Zwang zur Tilgung von Staatsschulden dem Staate aufzuerlegen oder diese Tilgung nach den vorhandenen Mitteln einzurichten. Es kann nicht die Absicht des Verfassers sein, in eine wissenschaftliche Erörterung über diesen Streit hier einzutreten; es sei nur aufmerksam gemacht auf eine neuere, hübsche Abhandlung von Dr. Hans Köppe: Freie oder Zwangstilgung der Staatsschulden? Rostock 1901, die als Inauguraldissertation der philosophischen Fakultät zu Rostock überreicht worden ist; sie gibt einen guten Überblick über den Stand der Frage in wissenschaftlicher Hinsicht und die einschlagende Literatur wie über die praktischen Erfahrungen und kommt namentlich auf Grund der letzteren zu dem Schlusse, daß ohne einen systematisch organisierten Zwang zur Schuldentilgung der öffentliche Kredit seine nützlichen Wirkungen nicht dauernd ausüben kann. Über die Frage, wie dieser Zwang zur Tilgung am wirksamsten zu gestalten sei, um seinen Zweck gehörig zu erreichen, gehen die Meinungen auch wieder vielfach auseinander. Sehr beachtenswert, sagt Roscher in seiner „Finanzwissenschaft" § 141, Anm. 16, scheint der Tilgungsplan von Schäffle in seiner schönen Abhandlung „Zur Theorie der Deckung des Staatsbedarfs"; es ist dies die oben zitierte Abhandlung, und es mag deshalb mit einigen Worten auch auf diesen Vorschlag eingegangen werden. Schäffle geht von dem Grundgedanken aus, daß seiner ganzen Natur nach der Tilgungsbedarf als willkürlich bestimmbarer, beweglichster außerordentlicher Bedarf zu behandeln sei; er ist also grundsätzlich für Freiwilligkeit, setzt aber hinzu (Jahrg. 1889, S. 142):

> „Nur darf diese Freiwilligkeit keine schlechthin ungebundene sein; sie darf nicht in die Freiheit des Nichtmehrbezahlens ausarten. Eine solche Entartung der Freiheit ist genau so gefahrenreich im öffentlichen Kreditwesen, wie sie im privaten Kreditwesen als verhängnisvoll sich zu erweisen pflegt. Dieselbe hat hier wie dort dieselben Folgen gehabt, nämlich die stets steigende Ausbeutung der Schuldner (hier der Steuerträger) und die kollektive Ohnmacht derselben, die Schwächung der Staatsaktion. Der ‚Freiheit' des Kredits muß eine positive Organisation zu teil werden."

Dieser Zwang nun muß nach seiner Ansicht ins öffentliche Recht verlegt werden, und, wenn auch nur schüchtern und vorbehältlich der Annahme jedes besseren Vorschlages, meint er, es könne verfassungsrechtlich ausgesprochen werden:

1. daß alle außerordentlichen Verwaltungseinkünfte nur entweder zur Deckung außerordentlicher Bedarfe oder zur außerordentlichen Tilgung erst der schwebenden, dann der fundierten Schuld verwendet werden dürfen;
2. daß insolange, als der Betrag der fundierten Schuld mehr als xyz Mk. pro Kopf der Bevölkerung beträgt, die Sätze der Einkommens- und Vermögenssteuern und Steuergebührzuschläge ebenso lange nicht unter bestimmte Normalsätze herabgesetzt werden dürfen;
3. daß nur bestimmte Normalsätze und Normalerträge gewisser beweglicher Erträge, z. B. der Domanialerträge und der Verkehrsanstalten-Reinerträge, einer anderen Verwendung als derjenigen für große außerordentliche Investierungen oder für außerordentliche Schuldentilgungen zugewendet werden dürfen;
4. daß nur eine qualifizierte Majorität ($^2/_3$, $^3/_4$) der Vertretungskörper auf Antrag der Regierung von diesen finanzstaatsrechtlichen Staatsgrundsätzen abgehen könne.

Da es sich vorliegend um die Eisenbahnschuld handelt, so hat hauptsächlich der dritte Vorschlag für Sachsen Bedeutung, und es fragt sich, wiefern derselbe auf unsere Verkehrsanstalten angewendet werden könne. Hierbei kommt nun folgendes in Betracht:

Sachsen hat eine Reihe von Anleihen, bei denen ein bestimmter Tilgungsplan vertragsmäßig vorgeschrieben ist; dieser Plan muß selbstverständlich eingehalten werden. Daneben sind nun aber seit 1876 Rentenanleihen gemacht worden, bei welchen es an einer vertragsmäßigen Verpflichtung fehlt. Bereits im Landtage 1895/96 war von der Finanzdeputation A der II. Kammer empfohlen worden, eine Tilgungsquote von $1^1/_2$ % der Eisenbahnschuld im Eisenbahnetat festzulegen, und es verdient, in Erinnerung gebracht zu werden, was die Regierung damals zu diesem Vorschlag erklärte (vgl. Bericht 127 von 1895/96, S. 664):

„Wenn nun der Vorschlag des Herrn Referenten dahin gehe, eine Tilgungsquote von 1½% beim Eisenbahnetat festzulegen, so könne dies leicht zu ähnlichen Wirkungen führen wie die vorher besprochene Maßregel der Fixierung des Beitrags der Eisenbahnen zu dem allgemeinen Staatsbedarfe und die Regierung leicht in die Zwangslage bringen, Zuschläge zur Einkommensteuer vorschlagen zu müssen, eine Maßregel, die nur auf den äußersten Notfall beschränkt werden möchte, weil sie im Lande stets unliebsam empfunden werde. Im allgemeinen stimme die Regierung dem Herrn Referenten darin unbedingt bei, daß es als ein erstrebenswertes Ziel betrachtet werden müsse, die Schuldentilgung auf einen noch höheren Stand als gegenwärtig zu bringen. Es sei zwar seither in nicht zu unterschätzender Weise die Tilgung bewirkt worden, und im Laufe der zehn Jahre von 1886 bis 1895 habe die Tilgung durchschnittlich 1,38% der gesamten Staatsschuld jährlich betragen, also den von dem Herrn Referenten für Eisenbahnschulden gewünschten Satz von 1½% bei der gesamten Staatsschuld annähernd erreicht. Die Regierung vermöge keinen Unterschied zwischen den Eisenbahnschulden und den nicht für Eisenbahnzwecke aufgenommenen Schulden hinsichtlich der Tilgung zu machen, glaube vielmehr, daß Schulden für unproduktive Zwecke eher, vielleicht noch stärker zu tilgen sein möchten als Schulden für produktive Anlagen. Sie gehe daher sogar noch einen Schritt weiter als der Herr Referent und betrachte es als ein anzustrebendes Ziel, für die gesamte

Staatsschuld eine Tilgungsquote von 1½ % zu erreichen. Allerdings hänge das von der Finanzlage ab. Jedenfalls sei aber dieses Ziel ernstlich im Auge zu behalten. Zunächst werde es darauf ankommen, die im vorigen und im laufenden Etat herabgesetzte Tilgungsquote der 76er Rentenanleihe wieder auf den früheren Stand zu bringen."

Die letztere Hoffnung ist noch nicht in Erfüllung gegangen, es bewahrheitet sich eben auch hier wieder, daß bei bloßer Freiwilligkeit der Schuldentilgung die Verhältnisse stärker sind als die besten Vorsätze. Auch im Haushaltplan für 1902/03 ist die Anleihe von 1876 im Betrage von 245000000 Mk. nur mit ½ % Tilgung in Ansatz gebracht; dagegen sind die Anleihen von 1878 bis mit der von 1898 mit 1 % eingestellt, entsprechend den Anleihegesetzen, welche eine Tilgung in dieser Höhe von einem gewissen Zeitpunkte ab „bis auf weiteres" vorschreiben, aber nachlassen, diesen Tilgungsbetrag entweder zum Ankauf eines entsprechenden Betrags von Schuldverschreibungen über 3 % jährlicher Rente oder zur Tilgung anderer Staatsschulden über die in den Tilgungsplänen vorgesehene Höhe hinaus oder zur Bestreitung solcher Staatsausgaben zu verwenden, welche anderenfalls durch Aufnahme von neuen Anleihen gedeckt werden müßten.

Der Zwang, den sich der Staat mit diesen Bestimmungen auferlegt hat, ist freilich kein besonders drückender, indes enthalten sie doch immer einen schätzenswerten Antrieb zu solider Finanzgebarung. Bei der Verschiedenheit der Bedingungen der älteren Anleihen vor 1876, der großen Rentenanleihe von diesem Jahre und der neueren Anleihen wird man nun zu einer völligen rechnerischen Klarheit nur gelangen, wenn man der Eisenbahnschuld bestimmte Anleihen überweist, was ja auch leicht geschehen könnte, wenn man von der Rentenanleihe von 1876 den Betrag von zirka 180000000 Mk. als den Betrag der Staatsschuld, nach Abzug der Eisenbahnschuld, ausschiede. Eine solche Teilung wäre namentlich auch deshalb empfehlenswert, weil die den Eisenbahnen danach zu überweisenden Schulden die schärferen Tilgungsbedingungen haben und man dadurch dem von der Finanzdeputation der II. K. gesteckten Ziele einer Tilgung von 1½% näherkäme. Denn der von der Regierung nach der oben angeführten Erklärung gegen den Vorschlag ausgesprochene Grund, sie vermöge keinen Unterschied zwischen den Eisenbahnschulden und den nicht für Eisenbahnzwecke aufgenommenen Schulden hinsichtlich der Tilgung zu machen, glaube vielmehr, daß Schulden für produktive Zwecke eher vielleicht noch stärker zu tilgen sein möchten, kann doch nicht als richtig anerkannt werden. Es wird dabei übersehen, daß die Tilgung der Eisenbahnschulden sehr wesentlich einen reproduktiven Zweck hat. Im Mangel von Abschreibungen versieht die Schuldentilgung deren Funktion, und bei der großen Abnutzung vorhandener Werte, bei der durch den gesteigerten Verkehr häufig notwendig gemachten Abwerfung alter Anlagen muß die Schuldentilgung eine starke sein, wenn sie mit dem Werte der durch Anleihen geschaffenen produktiven Anlagen im richtigen Verhältnis bleiben soll, ganz abgesehen von der verkehrspolitischen Notwendigkeit, das Anlagekapital der Eisenbahn möglichst herunterzuziehen.

Es erscheint also dringend wünschenswert, Verzinsung und Tilgung der Eisenbahnschuld in das Budget der Eisenbahnen auf Grund der Berechnung nach bestimmten Anleihen, nach dem Zeitpunkt ihrer Verwendung, überhaupt nicht nach bloßer Durchschnittsberechnung einzustellen. Freilich wird man da wohl zu dem Resultate kommen, daß unsere Eisenbahnen schon jetzt mit Zuschuß arbeiten. Der mehrfach zitierte Bericht 234 der II. K. rechnet noch einen Reinüberschuß von 2 902 950 Mk. heraus, indem er die am Schlusse des Jahres 1900 vorhandene Eisenbahnschuld von 696 589 650 Mk., für die Finanzperiode 1902/03 mit dem durchschnittlichen Zinsfuß von 3,08 % des Nominalwerts und dem durchschnittlichen Tilgungssatz von 1,07 % in Ansatz bringt und hiernach

| | | |
|---|---|---|
| für die Verzinsung | . | 21 454 961 Mk. |
| für die Tilgung | . . | 7 453 950 „ |
| mit zusammen | | 28 908 911 Mk. |

berechnet, die, von dem etatisierten Überschuß von 31 811 420 Mk. abgezogen, den obigen Rest ergibt. Allein, es ist dabei nicht berücksichtigt, daß in dem Etat von 1902/03 bereits die vollen Zinsen der 3 %igen Rentenanleihe von 110 000 000 Mk. vom 5. Juni 1900 eingestellt sind. Abrechnungen darüber, wieviel davon für Eisenbahnzwecke verwendet worden, liegen noch nicht vor; nach dem außerordentlichen Etat für 1900/01 waren für andere als Eisenbahnzwecke 33 842 486 Mk. eingestellt; gedeckt waren durch Überschüsse aus der Finanzperiode 1896/97 18 175 908 Mk.; es kommen also von der Anleihe von 110 000 000 Mk. rund 15 000 000 Mk. auf andere als Eisenbahnzwecke und rund 95 000 000 Mk. auf letztere. Rechnet man hiervon 3 %, so erhöht sich obiger Zinsbetrag auf 24 304 761 Mk., außerdem von den für Tilgung eingestellten 9 201 331 Mk. nach dem Verhältnis der allgemeinen Staatsschuld von 829 422 000 Mk. zur Eisenbahnschuld von 696 586 000 Mk. verhältnismäßig 7 727 300 Mk. auf die Eisenbahnen, in Summa 32 032 061 Mk.; anderseits ist der Überschuß von den Ständen nur mit 30 344 070 Mk. etatisiert, es ergibt sich also etatsmäßig ein Defizit von 1 687 991 Mk., das aus den allgemeinen Staatseinnahmen gedeckt werden muß. Würde man nach obigem Vorschlage verfahren, so würde sich der Tilgungsanteil der Staatseisenbahnen noch um etwas über 400 000 Mk. erhöhen und so viel weniger würde bei Konto 26 auftreten; für die allgemeine Lage würde es selbstverständlich keine Änderung bringen. Die Denkschrift über eine Reform des Personentarifs schätzt den Bedarf für 1901 auf 31 335 894 Mk., die Eisenbahnschuld Ende 1901 auf 755 081 800 Mk.; für die Periode 1902/03 aber ist das Anlagekapital und damit auch der Bedarf für Zinsen und Tilgung höher angenommen.

Es könnte nach diesem Ergebnisse vielleicht scheinen, als ob es keinen Zweck hätte, Zinsen und Tilgung in das Konto der Eisenbahnen einzustellen, wenn letzteres ja doch nicht in der Lage ist, die volle Deckung dafür zu schaffen; allein, abgesehen von der zu erzielenden Klarheit hat es ja doch eine reelle Bedeutung, das Debet der Eisenbahnen festzustellen, denn es folgt daraus doch so viel, daß Überschüsse der Eisenbahnen nicht vorhanden sind, bevor diese Bedarfe gedeckt sind. Die Einnahmen der Eisenbahnen sind dann für die fraglichen Zwecke festgelegt und können zu anderen Zwecken nicht verwendet werden. Hierdurch würde zunächst das erreicht, was Schäffle durch seinen dritten Vorschlag bezweckte: daß nur bestimmte Normalsätze gewisser beweglicher Erträge, wie der Verkehrsanstalten, einer anderen Verwendung als derjenigen für große außerordentliche Investierungen oder für außerordentliche Schuldentilgungen zugewendet werden dürfen.

Es kommt aber weiter darauf an, daß, ehe von einer Verwendung von Überschüssen gesprochen werden kann, aus den Erträgen gedeckt wird, was bei richtiger Wirtschaftsführung gedeckt werden muß. Unter diesem Gesichtspunkte genügt es aber nicht, Zinsen und Schuldentilgung in den Eisenbahnetat einzustellen, sondern, und dieses spricht weiter für die angebahnte gesonderte Etatsbehandlung der Eisenbahnen, neben dem ordentlichen Eisenbahnetat muß auch ein **besonderer** außerordentlicher Etat für die Eisenbahnetats aufgestellt werden, mit der Wirkung:

1. daß für die Deckung dieses außerordentlichen Etats, soweit möglich, durch den ordentlichen Etat der Eisenbahnen Vorsorge getroffen wird;

2. daß Überschüsse, die auf dem Gebiete der Eisenbahnen gegenüber dem Etat gemacht werden, nicht dem allgemeinen mobilen Staatsvermögen zufallen, sondern in erster Linie verwendet werden zur Deckung des außerordentlichen Etats der Eisenbahnen, und

3. daß auf diesem Wege etatsmäßig festgestellt werden kann, was etwa von den Überschüssen der Eisenbahnen zu den allgemeinen Staatsaufgaben verwendet werden kann. Ob zur Vermeidung großer Schwankungen in dieser Beziehung ein Ausgleichsfonds errichtet werden soll, ist dann eine weitere Frage.

Der erste dieser Gesichtspunkte führt auf einen Mangel, der überhaupt unserer Scheidung von ordentlichem und außerordentlichem Budget anzuhaften scheint. Die Grundsätze, nach denen diese Trennung vorgenommen wird, sind oben S. 46 ff. ausführlich mitgeteilt worden. Es liegt ihnen die Tendenz zu Grunde, das außerordentliche Budget wo möglich ganz verschwinden zu lassen und alle einmaligen größeren Ausgaben im ordentlichen Budget zu decken. Gewiß ist dieses Bestreben nur zu billigen, allein, die Form, in welcher es zur Geltung gekommen ist, hat sich doch als eine gefährliche erwiesen, und es hat sich vollkommen bestätigt, was Schäffle a. a. O., Jahrg. 1883, S. 283, darüber sagt:

„Dagegen scheint eine andere Unterscheidung der Bedarfe in ordentliche und außerordentliche nahezuliegen. Sind nicht vielleicht als außerordentliche Bedarfe diejenigen anzusehen, welche tatsächlich mit außerordentlichen Deckungsmitteln bestritten werden oder mit denselben in guter Finanzpolitik doch bestritten werden sollen bezw. allein bestritten werden dürfen?

Den Finanzpraktikern liegt die Identifikation der außerordentlichen Bedarfe mit den tatsächlich außerordentlich gedeckten Bedarfen sehr nahe; denn wenn die Tatsache der außerordentlichen Deckung im gegebenen Falle entscheidet, so ist die Beschönigung sowohl der Schulden- als der Überschußwirtschaft sehr leicht gemacht. Aber eben deshalb ist dies praktisch so gefährlich, wie es wissenschaftlich eine unzulässige Auffassung ist."

Es ist oben bei den Zusammenstellungen der einzelnen Verwaltungsdepartements nachgewiesen worden, in welchem bedeutenden Umfange früher außerordentliche einmalige Ausgaben in das ordentliche Budget eingestellt und darin gedeckt worden sind. Dadurch ist die Erkennbarkeit der Entwicklung des ordentlichen Bedarfs erschwert worden; hätte man diese außerordentlichen Bedarfe in ein außerordentliches Budget, aber unter Beibehaltung der Deckung durch die ordentlichen Einnahmen, verwiesen, so würde man das Wachstum des ordentlichen Bedarfes viel früher und viel schärfer erkannt haben. So haben die ordentlichen Ausgaben allmählich die außerordentlichen aus dem ordentlichen Budget verdrängt; das ordentliche Budget ist quantitativ nicht dem Wachstum der ordentlichen Ausgaben entsprechend gewachsen, sondern nur qualitativ schlechter geworden; dagegen ist das außerordentliche Budget rapid gewachsen, und da die in den Ersparnissen früherer Budgetperioden beruhenden Deckungsmittel absolut und noch mehr relativ immer geringer wurden, so bedeutete die Verweisung einer Ausgabe in den außerordentlichen Etat immer mehr dessen Deckung durch Schulden. Am verhängnisvollsten hat sich dieser Prozeß auf dem Gebiete der Eisenbahnen erwiesen. Wie aus der Tabelle 10 (S. 59) ersichtlich, bestand bei diesen früher ein Erneuerungsfonds, welchem 5 % der Bruttoeinnahmen überwiesen wurden, in der Periode 1896/97 wurde dieser Satz auf 4 % herabgedrückt, und in der Periode 1898/99 wurde er ganz aufgehoben, angeblich, weil er sich mit dem neuen Rechnungsschema nicht vertrug. Neben diesem Erneuerungsfonds diente im ordentlichen Etat der Titel 13 dazu, um Kosten erheblicher Ergänzungen, Erweiterungen und Verbesserungen baulicher Anlagen, deren Anschlagsbetrag sich zwischen 10 000 Mk. und 40 000 Mk. bewegte, zu decken; höhere Aufwendungen wurden in den außerordentlichen Etat verwiesen. Bei Aufhebung des Erneuerungsfonds nun wurde diese Grenze auf 60 000 Mk. erhöht, aber mit dem Wegfalle des Zwangs, einen bestimmten Teil der Bruttoeinnahmen in einen Erneuerungsfonds zu legen, einer- und mit der Verweisung aller Ausgaben über 60 000 Mk. in den außerordentlichen Etat, was gleichbedeutend wurde mit Deckung durch Anleihe andrerseits, mußte selbstverständlich das Schuldenmachen in einem Maße zunehmen, das die größten Besorgnisse zu erwecken geeignet ist.

Eine Änderung in dieser Beziehung muß im allgemeinen Budget eintreten, insbesondere aber ist sie beim Eisenbahnbudget dringlich: hier müssen die einmaligen und außerordentlichen Ausgaben gesondert von den ordentlichen aufgeführt werden, aber nur so, daß sie, soweit möglich, aus den ordentlichen Einnahmen mitgedeckt werden. So hat das preußische Eisenbahnbudget folgendes Schema:

**Abschluß.**

Ordinarium.

| | |
|---|---|
| Die ordentlichen Einnahmen betragen . . | — Mk. |
| Die dauernden Ausgaben betragen . . . | — „ |
| Mithin Überschuß im Ordinarium . | — Mk. |

Extraordinarium.

| | |
|---|---|
| Die außerordentlichen Einnahmen betragen | — Mk. |
| Die einmaligen und außerordentlichen Ausgaben betragen . . . . . . . . . . | — „ |
| Mithin Zuschuß im Extraordinarium | — Mk. |
| Bleibt Überschuß | — Mk. |

Unter den außerordentlichen Einnahmen würden etwa aufzunehmende Anleihemittel, unter den einmaligen Ausgaben außerplanmäßige Schuldentilgungen mitaufgenommen werden. Weiter aber müßten unter den außerordentlichen Einnahmen, soweit nötig, die bei den Eisenbahnen in früheren Perioden gegen den Etat gemachten Überschüsse eingestellt werden; denn es scheint nicht nur billig, sondern auch finanzpolitisch richtig, daß diese Überschüsse bei den Eisenbahnen zunächst für die Deckung der außerordentlichen Bedarfe und bezw., soweit möglich, zur Verbesserung ihrer Lage durch außerordentliche Schuldentilgung verwendet werden. Verschwinden sie in dem allgemeinen Konto des mobilen Staatsvermögens, so tragen sie in günstigen Zeiten leicht dazu bei, daß man sich für reicher hält, als man ist, und dann das Geld, namentlich zu Bauten, verschwenderisch ausgibt. Auch unter diesem Gesichtspunkte aber erscheint eine Überweisung bestimmter Anleihen an den Eisenbahnetat rätlich, wie sie auch in Preußen mindestens zum Teile erfolgt ist, damit man einen bestimmten Plan für die außerordentliche Tilgung solcher Schulden machen kann.

Mit dieser Frage steht nun aber auch der dritte der oben aufgestellten Zielpunkte in einem gewissen Zusammenhange. Es fragt sich: Inwieweit dürfen überhaupt die Eisenbahnüberschüsse zu den Zwecken des allgemeinen Staatshaushaltes verwendet werden? Bekanntlich hat nur das Großherzogtum Baden von allem Anfang an sein Eisenbahnbudget von dem Staatsbudget ganz getrennt gehalten. und es ist jedenfalls nicht zu seinem Schaden gewesen, denn einerseits haben die Eisenbahnen ihre Rechnung dabei gefunden, daß man ihnen ihre Überschüsse zu weiterem Ausbau, Vermehrung ihrer Betriebsmittel ꝛc. gelassen hat, und anderseits hat der Staat von dem süßen Gifte großer Eisenbahnüberschüsse nicht gekostet, sondern sich so eingerichtet, daß er für seine Verwaltung und Kulturzwecke reichliche Mittel beschafft hat und doch ohne Staatsschulden dasteht. Man könnte versucht sein, dieses Beispiel zur Nachahmung zu empfehlen, und gerade der jetzige Zeitpunkt, wo der Staat nicht nimmt, sondern gibt, könnte dazu sehr passend erscheinen. Allein, vom allgemeinen Standpunkte aus ist es doch nicht für unbillig zu halten, wenn die Eisenbahnen, deren Prosperität von dem Stande der allgemeinen Kultur und der Erfüllung ihrer Aufgaben so wesentlich abhängt, zu dieser Erfüllung etwas beitragen, wie denn in Preußen zur Deckung allgemeiner Staatsausgaben im Jahre 1903 357000000 Mk. aus den Überschüssen der Eisenbahnen beigetragen werden. Und auch in Sachsen hat man sich an eine solche Kontributionspflicht derart gewöhnt, daß man die Hoffnung auf die Wiederkehr eines solchen Verhältnisses wohl sehr ungern aufgeben würde. Allein, wenn man diesen Standpunkt als berechtigt zugibt, erwächst nun freilich auch die Pflicht, dafür Sorge zu tragen, daß nicht durch die schwankenden Überschüsse die Finanzen des Staates in Verwirrung geraten, daß namentlich nicht auf Grund solcher Überschüsse dauernde Ausgaben übernommen werden, die bei Abnahme oder Wegfall der Überschüsse dann durch anderweite Mittel, also namentlich Steuern, gedeckt werden müssen, oder daß nicht vorzeitig auf Einnahmen verzichtet wird, für die man dann später nach einem Ersatz suchen muß. Solche Garantien sind nun in verschiedener Weise gesucht worden. In dieser Richtung bewegt sich der dritte oben erwähnte Vorschlag von Schäffle, daß nur gewisse Normalsätze zu anderen Zwecken als dem der außerordentlichen Investierung und Schuldentilgung verwendet werden dürfen. Diesem Zwecke sollte auch der Antrag dienen, der im Jahre 1884 in der I. Kammer von den Abgeordneten Peltz, Graf v. Könneritz und dem Verfasser dieser Schrift gestellt wurde. Derselbe wünschte die Einstellung der Eisenbahneinnahmen mit einer Rente, welche einer zu bestimmenden Verzinsung des Anlagekapiltals der Eisenbahnen entspricht, Ansammlung des Überschusses zu einer Reserve, um den Rest zu decken, wenn die Einnahmen hinter dem Normalsatz blieben, und, bei Überschreitung eines zu bestimmenden Höchstbetrags, zur Deckung von außerordentlichen Ausgaben, z. B. Eisenbahnbauten.

Der Antrag fand nicht die Zustimmung der Kammern, und man kann wohl sagen: leider, denn wenn er auch wohl der Besserung bedürftig war, so wäre doch, wenn man ihn weiterverfolgt hätte, vielleicht viel Unheil vermieden worden; die Befürchtungen, aus denen er hervorgegangen war, haben sich ja in vollem Maße erfüllt. Der Finanzminister v. Könneritz gab darauf die S. 52 ersichtliche Erklärung ab, nach der er hoffte, die ausgleichende Wirkung des Antrags dadurch erreichen zu können, daß im Notfalle die mobilen Bestände zur Deckung des ordentlichen Etats herangezogen würden. Das letztere ist nie geschehen, und auch beim letzten Budget wurde eine Anregung dazu von der Regierung, wie erwähnt, und wohl mit Recht, abgewiesen. Namentlich aber blieb dabei die Hauptseite des Antrags unberührt, die der Gefahr der Erhöhung dauernder Ausgaben auf Grund schwankender Einnahmen möglichst begegnen wollte. Die Finanzdeputation der II. Kammer kam im Landtage 1895/96 durch den Bericht 127 (S. 653 ff.) sehr eingehend auf den dem Antrage zu Grunde liegenden Gedanken zurück. Sie fand, wie oben bereits erwähnt, den Ausweg in einer verstärkten Schuldentilgung, und außerdem diente ihr das Vorhandensein des Erneuerungsfonds zur Beruhigung; es war ihr deshalb von besonderem Wert, daß die Königliche Staatsregierung durch die Worte „für diesmal“ die Herabsetzung des Rücklagesatzes (von 5 auf 4 %) als eine außergewöhnliche, nicht dauernde Maßnahme gekennzeichnet hatte. Die Regierung legte auch ihrerseits Gewicht darauf, daß durch den Erneuerungsfonds nicht nur ein Ersatz, sondern auch zugleich eine Verbesserung der betr. Objekte bewirkt werde. Eine erhöhte Zwangstilgung lehnte sie durch die bereits oben (S. 82 ff.) mitgeteilten Erklärungen ab. Es ist fast wie eine Ironie des Schicksals, daß der Erneuerungsfonds in der nächsten Periode nicht nur nicht wieder auf 5 % gebracht, sondern ganz beseitigt worden ist; und was aus den Vorsätzen zu stärkerer freiwilliger Schuldentilgung geworden, ist oben auch ausführlicher mitgeteilt worden. So ist es bei verschiedenen Versuchen und Anläufen geblieben. Wie die Dinge jetzt liegen, wird, wenn die vorher besprochenen Ansprüche auf prioritätische Befriedigung aus den Eisenbahnüberschüssen beachtet werden, wenig Hoffnung auf dann noch verbleibende Überschüsse gewährt werden können. Dennoch wird zu erwägen sein, ob nicht die Bildung eines Ausgleichsfonds gesetzlich zu regeln sei, wie dies ja in Preußen beim letzten Landtage nach wiederholten vergeblichen Versuchen gelungen ist, und in einem solchen Gesetze könnten dann auch die vorher empfohlenen Etatsgrundsätze möglichst festgelegt werden. Erleichtert würde dies ja dadurch werden, daß der frühere Erneuerungsfonds mit einem Bestande von 13265000 Mk. Ende 1896 in einen Reservefonds für Eisenbahnzwecke verwandelt worden ist, der durch die eigenen Zinsenerträge auf 15000000 Mk. gebracht werden und in außerordentlichen Fällen die erforderlichen Mittel geben soll. Derselbe würde die Grundlage eines solchen Ausgleichsfonds bilden können. In Preußen bezieht sich das neue Gesetz allerdings auf die Überschüsse und eventuell die Bedürfnisse des gesamten Staatshaushalts, es sind aber Eisenbahnzwecke bei der Verwendung in den Vordergrund gerückt; für unsere Verhältnisse würde es wohl genügen, wenn die gesetzliche Regelung vorerst die Überschüsse aus den Eisenbahnen behandelte. Diese Regelung würde dann etwa die sein können, daß die nach Deckung der einmaligen und außerordentlichen Ausgaben der Eisenbahnverwaltung und einer außerordentlichen Tilgung der Eisenbahnschuld etwa bis zu 1½ % noch vorhandenen Überschüsse der Eisenbahnen einem Ausgleichsfonds bis zu einer bestimmten Höhe des Fonds zufließen sollen, aus welchem in ungünstigen Zeiten ein etwaiges Defizit im Ordinarium der Eisenbahnen zu decken wäre, und vielleicht würde unter Voraussetzung dieser gesetzlichen Regelung der angesammelte Fonds schon in nächster Zeit dazu dienen können, die ungünstigen Zeiten überwinden zu helfen. Denn bei dem Blicke in die Zukunft ist nicht zu vergessen, daß vom Jahre 1904 ab wieder eine dauernde Erhöhung der persönlichen Ausgaben durch die Wohnungsgeldzuschüsse eintritt, die zunächst auf 1 500 000 Mk. jährlich veranschlagt wird und die Zeit, wo die Eisenbahnen ohne Zuschuß arbeiten, vielleicht in weitere Ferne rückt.

### 3. Zur Frage der Eisenbahngemeinschaft.

Bei einer Betrachtung der gegenwärtigen Lage und der zu erwartenden Zukunft unserer sächsischen Staatseisenbahn tauchen zwei Fragen auf, die recht eigentlich aus dieser Lage sich entwickelt und die Geister vielfach beschäftigt, ja erregt haben. Es sind die Fragen einer Eisenbahngemeinschaft und des Planes einer Reform des Personentarifs. Die Verfolgung dieses letzteren, bereits oben S. 68 gestreiften Gedankens ist aber inzwischen von der Regierung glücklicherweise zurzeit im wesentlichen aufgegeben worden, und es wäre deshalb überflüssig, auf eine nachträgliche Kritik des Planes einzugehen.

Was aber die Frage einer Eisenbahngemeinschaft anlangt, so ist besonders in Württemberg eine sehr lebhafte

Bewegung für den Eintritt in eine Eisenbahngemeinschaft mit Preußen vorhanden, und es ist namentlich die im Auftrage des Württembergischen Handelskammertags vom 27. September 1901 verfaßte Denkschrift des Professors Dr. F. C. Huber: „Auf dem Wege zur Eisenbahngemeinschaft", Stuttgart 1902, welche dieser Bewegung mit einem sehr reichen Material und einer sehr eindringlichen Sprache zu dienen sucht.

In gewissem Sinne als Gegenschrift hierzu ist neuerdings erschienen: „Auf dem Wege zur Eisenbahn-Gemeinschaft? Ein Beitrag zur sächsischen Eisenbahnfrage von einem Fachmanne", Dresden 1903, und es kann allen, die sich ein auf gewissenhafte Prüfung der wichtigen Frage gegründetes Urteil bilden wollen, nur empfohlen werden, beide Schriften zu studieren. Namentlich die letztere Schrift ist offenbar von einem der sächsischen Regierung sehr nahestehenden Manne geschrieben, der in allen seinen Erörterungen eine genaue Kenntnis der sächsischen Eisenbahnverhältnisse und wohl auch der bei der sächsischen Staatsregierung vorhandenen Intentionen beweist. Gerade dieser Vorzüge wegen aber kann es nicht vermieden werden, diese Schrift darauf zu prüfen, wie weit man sich mit ihr einverstanden erklären kann.

Da gibt nun schon der allgemeine Standpunkt, den der anonyme Verfasser der Schrift an deren Spitze stellt, zu Bedenken Anlaß. Er verweist einerseits auf die Erklärung des sächsischen Finanzministers Dr. Rüger in der sächsischen zweiten Kammer, daß die sächsische Regierung keinesfalls gewillt sei, die selbständige Verfügung über die Eisenbahnen des Landes in der einen oder anderen Form aufzugeben, sowie auf den Beifall, den diese Erklärung in beiden Kammern gefunden habe, und anderseits auf die vielfachen Äußerungen der maßgebenden Persönlichkeiten in Preußen, nach denen die dortige Regierung nicht daran denke, ihre Machtsphäre auf die Eisenbahnen der anderen deutschen Staaten gegen deren Willen auszudehnen, und kommt hiernach zu dem Schlusse, daß man die Frage eines Anschlusses der sächsischen Staatseisenbahnen an die preußisch-hessische Eisenbahngemeinschaft vorerst keinesfalls als brennend anzusehen habe. Allein, man sollte doch meinen, daß gerade, wenn die preußische Regierung mit ihren großen Machtmitteln loyal genug ist, um irgend einen Druck auf fremde Regierungen nicht auszuüben, wenn der preußischen Verwaltung ausdrücklich bezeugt wird, daß sie „in vornehmer Weise gern der Anstandspflichten des Stärkeren eingedenk sei", man seitens der sächsischen Regierung um so mehr Anlaß habe, sich eingehend mit der Frage zu beschäftigen und sie nicht, weil man nichts zu fürchten hat, als „eine nicht brennende" zur Seite zu schieben.

Dieselbe bedenkliche Grundanschauung tritt auch zu Tage, wenn der Verfasser der Gegenschrift S. 5 sagt:

> „Auch wird man gut tun, bei der Erörterung dieser vorwiegend wirtschaftlichen Frage die nur zu leicht zu Verwirrung und schiefer Auffassung führende politische Seite der Angelegenheit vorerst möglichst ganz aus dem Spiel zu lassen."

Es handelt sich hier doch nicht um eine offene Frage der Politik, in der jede Regierung und jede Kammer nach Belieben ihre Stellung nehmen können, sondern um eine Frage der Ausführung der Reichsverfassung, die in Art. 42 vorschreibt:

> Die Bundesregierungen verpflichten sich, die im Bundesgebiete belegenen Eisenbahnen im Interesse des allgemeinen Verkehrs wie ein einheitliches Netz verwalten . . . zu lassen.

Man kann die an diesen Artikel und namentlich an die hier gewählte Form: „die Bundesregierungen verpflichten sich" geknüpften staatsrechtlichen Erörterungen (vgl. darüber Huber a. a. O. S. 142 ff.), beiseitelassen, denn man darf wohl annehmen, daß die Bundesregierungen nicht aus formalen rechtlichen Gründen eine in so feierlicher Form übernommene Verpflichtung nunmehr von sich ablehnen, und daß auch die zitierte Erklärung des sächsischen Finanzministers Dr. Rüger, die ja allerdings so aufgefaßt werden könnte, doch diesen Sinn nicht hat haben sollen. Die Frage kann also nur die sein, ob diese Verpflichtung bereits erfüllt ist, und wenn man diese Frage verneint, was zu ihrer Erfüllung geschehen kann und soll? Der Verfasser der sächsischen Schrift scheint nun zwar S. 48 ff. die erstere Frage bejahen zu wollen, wenn er daselbst sagt:

„Diejenigen Bestimmungen, die für Betrieb und Verkehr das größte Interesse haben, sind nach Maßgabe der Reichsverfassung Art. 42 und 43 bereits jetzt einheitlich durchgeführt. Gegenwärtig gelten in ganz Deutschland gleichmäßige Normen über den Bau und den Betrieb der Bahnen, über das Signalwesen, über die Rechtsverhältnisse beim Personentransport und das Frachtgeschäft. Die Fahrpläne greifen ineinander, der Übergang der Transportmittel ist gesichert u. s. w., und nur auf diese Vereinheitlichung, nicht aber auf eine vollständige Betriebsgemeinschaft oder dergl. dürfte Art. 42 der Reichsverfassung gerichtet sein, der auch mit seinem Wortlaute das Bestehen selbständiger Einzelverwaltungen unbedingt zuläßt."

Wäre das wirklich die Ansicht des Verfassers, so könnte sie in dem Augenblicke, wo die sächsische Eisenbahnverwaltung eine isolierte Reform des Personentarifs in die Wege geleitet hat, wohl nur ein Lächeln erwecken, und wer sich an die großzügigen Pläne und Entwürfe erinnert, die Fürst Bismarck und die preußische Regierung zur Ausführung des

Art. 42 gedacht und eingeleitet haben, der kann unmöglich glauben, daß die sächsische Regierung, deren Bundestreue mit Recht als außer allem Zweifel stehend anerkannt wird, nun in den zitierten, vom Verfasser aufgeführten „Vereinheitlichungen" der Weisheit letzten Schluß in Erfüllung der durch Art. 42 übernommenen Verpflichtung erblicken werde.

Dieser von vornherein unrichtigen Grundanschauung des Verfassers der sächsischen Schrift entspringt nun aber auch der Mangel, daß er überall seine Untersuchung darauf richtet, ob der sächsische Staat von einer engeren Vereinigung einen „Vorteil" zu erwarten habe, und wenn er das Ergebnis seiner Untersuchung S. 51 in folgendem zusammenfaßt:

> „Die — abgesehen von dem hessischen Vorgange — aus der Vereinigung zweier benachbarter Eisenbahnnetze und der des sächsischen und preußischen insbesondere zu erwartenden Vorteile würden für Sachsen entweder überhaupt nicht oder nur in geringem Grade eintreten; großenteils sind sie auch ohne Anschluß im Wege der Verhandlung oder durch freie Entschließung der Verwaltung zu erreichen."

Nicht darum kann es sich, wenn man eine Verpflichtung übernommen hat, mehr handeln, welche Vorteile man von der Erfüllung dieser Verpflichtung sich versprechen kann, sondern welche Opfer und Nachteile bei dieser Erfüllung Einem billigerweise nicht angesonnen werden können, und wie sich danach der Inhalt dieser Verpflichtung gestaltet.

Aber nicht nur die loyale Erfüllung übernommener Verpflichtungen kann und soll für die sächsische Eisenbahnpolitik die Richtung bestimmen, sondern es ist auch zu hoffen, daß die sächsische Eisenbahnverwaltung nicht in enger Selbstgenügsamkeit sich den großen Gesichtspunkten verschließen werde, die für eine einheitlichere Gestaltung des deutschen Eisenbahnwesens sprechen. Und zwar im allgemeinen Interesse wie im eigensten sächsischen Interesse. Wie aus den oben gegebenen statistischen Mitteilungen hervorgeht, trifft es für Sachsen nicht zu, wenn Huber a. a. O. S. VII sagt:

„Die mittelstaatlichen Eisenbahnverwaltungen scheinen dagegen an der Grenze ihrer wirtschaftlichen und finanziellen Leistungsfähigkeit zu stehen. Mit dem Vorjahre sind ihre Eisenbahnfinanzen in eine rückläufige Bewegung eingetreten, die voraussichtlich von längerer Dauer sein wird. Die Ausgaben steigen rasch an. Die Einnahmen gehen immer mehr zurück."

In Sachsen sind die Einnahmen absolut nicht zurückgegangen, nur relativ gegenüber den Ausgaben sind sie zurückgeblieben, und wie oben ausgeführt, steht der Verfasser dieser Schrift auf dem Standpunkte, daß er eine Besserung der Verhältnisse erhofft, und er wird in dieser Hoffnung bestärkt durch das, was der Verfasser der sächsischen Schrift S. 45 ff. über die Einkehr der Sparsamkeit in der sächsischen Eisenbahnverwaltung sagt. Aber wenn sich auch Sachsen bezüglich seiner Eisenbahnen nicht in so dauernder Notlage befindet wie Württemberg, so sprechen doch andere Gesichtspunkte und Interessen genug dafür, dem Gedanken einer organischen engeren Gemeinschaft mit anderen Staaten, namentlich mit Preußen, sich nicht so absolut ablehnend gegenüber zu stellen, uud man wird eine Einigung um so besser und vorteilhafter erreichen, je freiwilliger man den Weg dazu beschreitet.

Welches kann nun aber der Weg dazu sein?

Bekanntlich ist es seinerzeit der Reichseisenbahngedanke gewesen, durch dessen Verwirklichung Fürst Bismarck das in Art. 42 der Reichsverfassung gesteckte Ziel zu erreichen gesucht hat, und es ist auch sattsam bekannt, daß und an welchen Faktoren dieser Plan zunächst gescheitert ist. Mit dem wieder stärker werdenden Bedürfnis nach festerer Einigung ist daher auch die Frage entstanden, ob man nicht auf diesen Plan kommen könne und solle, und namentlich in Württemberg wird von manchen Seiten dem Reichseisenbahngedanken vor einer Eisenbahngemeinschaft mit Preußen der Vorzug gegeben. Abgesehen von allen anderen Gründen für oder wider kommt es dabei aber doch zunächst darauf an, ob Preußen zur Zeit noch geneigt sein würde, seine Eisenbahnen dem Reiche zu überlassen. Daß Fürst Bismarck die Verstaatlichung der Eisenbahnen in Preußen nur als ein Übergangsstadium zu Reichseisenbahnen aufgefaßt hat, ist wohl zweifellos, und er selbst hat dem Verfasser dieser Schrift gelegentlich erklärt: „An der Reichseisenbahnidee halte ich fest, aber zunächst will ich die Verstaatlichung der preußischen Eisenbahnen durchführen.“ Aber wenn dem auch so ist, so ist doch wohl kaum daran zu denken, daß Preußen seinen gewaltigen Eisenbahnbesitz jetzt noch eigentümlich auf das Reich übertragen werde, da die Finanzen des preußischen Staates mit dem Gedeihen dieses Besitzes zu eng verwachsen, zu viele Kulturaufgaben ihre Förderung durch die Überschüsse der Eisenbahnen erhalten haben und erwarten. Und anderseits ist ja das Bedenken, das schon damals gegen den Plan sich geltend machte, daß das Reich nicht in der Lage sei, die ungeheure Schuldenlast für Erwerbung der Bahnen zu übernehmen, inzwischen viel stärker geworden. Die Übernahmesumme, die zu gewähren sein würde, ist ins ungeheure gestiegen, die Schuldenlast, die das Reich schon für seine verfassungsmäßigen Aufgaben hat auf sich nehmen müssen, ist ebenso gestiegen, und dabei hat sich die Finanzverfassung des Reichs mehr und mehr als unzureichend erwiesen, sodaß der Ruf nach einer Finanzreform, auf den unten noch zurückzukommen sein wird, bei Regierungen und Landesvertretungen immer lauter erklingt. Unter diesen Umständen würde wohl auch der starke Wille eines Fürsten Bismarck mindestens zur Zeit es nicht vermögen, seinen großartigen Plan durchzuführen, und es muß demnach als überflüssig erscheinen, die für oder wider den Reichseisenbahngedanken sprechenden Gründe nochmals abzuwägen. Es bleibt also nur übrig, zu prüfen, ob nicht andere Formen der Einigung übrig bleiben.

Der Verfasser der sächsischen Gegenschrift glaubt nun, daß Preußen diese Form nur in einem Eintritte in die preußisch-hessische Eisenbahngemeinschaft finden werde und könne, da nach Artikel 22 des betr. Staatsvertrags vom 26. Juni 1896 die Aufnahme anderer deutscher Eisenbahnverwaltungen in diese Gemeinschaft nur dann vorgesehen sei, „wenn die finanziellen Beziehungen nach den in diesem Vertrage angewendeten Grundsätzen geregelt werden", und untersucht nun darauf hin, welche finanziellen Folgen diese Grundsätze für Sachsen haben würden. Man kann dem Verfasser vollkommen darin beistimmen, daß diese Basis für Sachsen unannehmbar sein würde, weil dadurch der augenblickliche Tiefstand der sächsischen Eisenbahnrente nahezu verewigt würde, indem der jetzige Gewinnüberschuß in den beiderseitigen Staaten als Teilungsmaßstab für die Zukunft angenommen wurde. (Das Nähere in Artikel 8 ff. des Staatsvertrages, Preußische Gesetz-Sammlung von 1896, S. 223 ff.)

Allein, die Gegenschrift überschätzt wohl die Bedeutung des in Artikel 22 zu Gunsten von Hessen gemachten Vorbehaltes; Hessen hat darin zugesagt, einen Widerspruch gegen die Aufnahme anderer Eisenbahnen nicht erheben zu wollen, wenn die finanziellen Beziehungen nach den in diesem Vertrage angewandten Grundsätzen geregelt werden. Also mit Zustimmung von Hessen ist jede andere Regelung möglich, und der beste Beweis dafür, daß eine solche andere Regelung auch tatsächlich im Bereiche der Möglichkeit liegt, wird dadurch erbracht, daß eine solche in dem Staatsvertrage zwischen

Preußen, Baden und Hessen über die Vereinfachung der Verwaltung der Neckarbahn vom 14. Dezember 1901 (Preußische Gesetz-Sammlung von 1902, S. 298 ff.) vereinbart ist; hier werden nach Artikel 7 die Betriebseinnahmen der Main-Neckarbahn auf Baden einerseits und auf die preußisch-hessische Gemeinschaft anderseits in der Weise verteilt, daß die Anteile Badens an den Verkehrseinnahmen für die auf badischem Gebiete belegenen Strecken der Main-Neckarbahn ermittelt und nebst einem als Ersatz für alle sonstigen Betriebseinnahmen bestimmten Zuschlage Baden zugewiesen werden, während der Rest der preußisch-hessischen Eisenbahngemeinschaft verbleibt. Entsprechend werden auch die Ausgaben repartiert. Die Frage einer deutschen Eisenbahngemeinschaft ist also durch eine ablehnende Beurteilung des preußisch-hessischen Vertrags nicht beseitigt, sondern sie ist darauf zu richten, in welchen Beziehungen und auf welcher rechtlichen Grundlage eine engere Vereinigung der deutschen Eisenbahnen möglich und wünschenswert ist. Es wäre vermessen, in dieser Richtung ein bestimmtes Programm aufzustellen, indes, wenn man sich nicht auch dem von der sächsischen Gegenschrift erhobenen Vorwurfe aussetzen will, daß man „sich auf Gemeinplätze stützt“, so müssen doch einige Gesichtspunkte angedeutet werden.

Es möge dabei an die Motive erinnert werden, mit denen seinerzeit die preußische Regierung den Gesetzentwurf, betr. die Erwerbung der Eisenbahnen durch das Deutsche Reich, der preußischen Volksvertretung vorlegte. (Abgedruckt in Hirths Annalen des Deutschen Reiches 1876, S. 470 ff.) In denselben sind die großen Gesichtspunkte, die für eine Zusammenfassung der Eisenbahnen in der Hand des Reiches sprachen, ausgeführt; auch für die Gegenwart besonders bemerkenswert sind folgende Stellen über das Verhältnis Preußens zu den übrigen Bundesstaaten:

„Die weitere Vervollständigung dieses ausgedehnten Eisenbahnbesitzes und die Ausbildung der einzelnen Linien desselben zu möglichst selbständigen Verkehrsrouten muß als die Aufgabe der künftigen Eisenbahnpolitik Preußens angesehen werden, wenn innerhalb des Verkehrsgebietes der preußischen Eisenbahnen dem Staate durch den Betrieb der von ihm verwalteten Linien ein den Verkehr regelnder Einfluß dauernd gesichert werden soll.

Es ist nicht zu verkennen, daß die Verwertung dieses Einflusses in der Hand der preußischen Regierung die Verkehrsverhältnisse und den Eisenbahnbetrieb benachbarter, von dem preußischen Verkehrsgebiete eingeschlossener Bundesstaaten wesentlich berühren wird. Die Verkehrsleitung, die Tarifstellung, die Betriebsorganisation der preußischen Staatsbahnen würden innerhalb des ganzen, unter dem Einflusse der dominierenden Staatsbahnlinien stehenden Verkehrsgebietes die vorwiegenden Normen bilden, und die Schwierigkeit, die Interessen der räumlich mitbeteiligten Bundesstaaten neben den preußischen in gerechter Weise wahrzunehmen, würde überwiegend von der preußischen Regierung nach eigenem Ermessen zu lösen sein. In dieser Erwägung hat die preußische Regierung nicht eher den bezeichneten Weg betreten wollen, als bis die Möglichkeit einer anderen, für die beteiligten Bundesstaaten günstigeren Lösung ausgeschlossen ist. Preußen hält sich für verpflichtet, zunächst dem Reiche die Möglichkeit zu gewähren, seinerseits den Einfluß auszuüben, den anderenfalls die preußische Regierung auszuüben genötigt sein würde."

Und ferner:

„Zudem würde die ausgiebige Verwertung des Einflusses der preußischen Staatseisenbahnverwaltung außerhalb der Grenzen des preußischen Staatsgebietes leicht einer Abneigung begegnen können, welche voraussichtlich in demselben Maße wächst, wie die Erweiterung des fiskalischen Eisenbahnbesitzes ein verstärktes Übergewicht Preußens begründet."

Daß die letztere Befürchtung nicht unbegründet war, dafür gibt es leider viele Beweise; man braucht nur an das bedauerliche Wort vom unlauteren Wettbewerb im letzten sächsischen Landtage zu erinnern. Es fragt sich nun, gibt es denn, nachdem das Reichseisenbahnprojekt vorerst gefallen, keine andere „Möglichkeit einer für die beteiligten Bundesstaaten günstigeren Lösung" außer der preußisch-hessischen Eisenbahngemeinschaft? Die Lösung dürfte darin liegen, daß man den föderalen, bundesstaatlichen Gedanken für den einzelnen vorliegenden Zweck ausbildet. Ein junger amerikanischer Gelehrter, E. V. Robinson, erörtert in einer „Das Wesen des Bundesstaats" überschriebenen Abhandlung in der Zeitschrift für die gesamte Staatswissenschaft, Jahrg. 53, S. 609, die Bedeutung des bundesstaatlichen Gedankens für die künftige Entwicklung der Staaten, und erblickt in der Bildung des Bundesstaates eine Staatsform, welcher die Zukunft gehöre. Er sagt: „Wie alle Staatsformen so ist auch der Bundesstaat ein Produkt der Notwendigkeit; er ist mehr als ein politisch verwendbares Mittel. Er entstand und konnte nur entstehen als ein Kompromiß zwischen dem Wunsche, sich zu vereinigen, und dem Wunsche, getrennt zu bleiben. Er läßt der Nation ihre Entwicklungsfreiheit und verhindert die Zentralisation. Er ist ein neues politisches Gleichgewicht, dessen Aufrechterhaltung den Einzelstaaten entgegen der offenen Zentralisation, der Zentralorganisation gegenüber der offenen Dezentralisation . . . anvertraut ist.“ Läßt sich ein solches Kompromiß zwischen dem Wunsche, sich zu vereinigen, und dem Wunsche, getrennt zu bleiben, zwischen Zentralisation und Dezentralisation auf dem Gebiete des Eisenbahnwesens schließen? Läßt sich überhaupt dieser bundesstaatliche Gedanke verwirklichen für bestimmte konkrete Zwecke, etwa wie auf tieferliegendem Gebiete kommunale Verbände für einzelne, über das territoriale Gebiet der einzelnen Gemeinde hinausgreifende Zwecke gebildet werden? Ein prinzipielles Bedenken wird sich kaum dagegen erheben lassen, und auch dagegen wird sich wohl nichts einwenden lassen, daß eine solche Vereinigung innerhalb des „Deutsches Reich“ genannten Bundesstaates sich bilden soll; es würden eben nur diejenigen Staaten sich einigen, welche Eisenbahnen besitzen, und auch diese nur, insoweit sie freiwillig beitreten, und damit ihrem Interesse zu dienen wie ihrer durch Artikel 42 der Reichsverfassung übernommenen Verpflichtung zu genügen glauben. Seine Aufsichtsstellung im Interesse der gesamten im Reich vereinigten Staaten würde das Reichseisenbahnamt ja behalten.

Eine solche Vereinigung müßte der Natur der Sache nach ein Organ haben; wie aber ein solches Organ beschaffen sein soll, das wird wieder wesentlich bestimmt durch die Aufgaben, die es erfüllen soll, durch die Zuständigkeit, die man ihm einräumt. Man wird sich daher vorerst über die Fragen der Zuständigkeit klar werden müssen. Unter diesen aber nimmt eine präjudizielle Stellung ein die Frage der finanziellen Gemeinschaft.

Es fragt sich, ob und inwieweit eine solche finanzielle Gemeinschaft überhaupt Voraussetzung der Einigung ist. Daß beim Reichseisenbahngedanken Eigentumsbesitz des Reichs an den Eisenbahnen das Rückgrat der Einigung bilden müsse, erschien gewissermaßen selbstverständlich, und wenn sich auch rechtlich die Sache so konstruieren ließe, daß die Einzelstaaten zwar das Eigentum an ihren Eisenbahnen behielten, und nur Verwaltung und Nutzung gewissermaßen als Zwangspachtung auf das Reich übergingen, so ließe sich eine solche Zwangsenteignung doch um so weniger rechtfertigen, als die Schuldenlast ja dann den Einzelstaaten verbliebe. Anders bei einer freiwilligen Gemeinschaft, etwa nach Art der preussisch-hessischen Eisenbahngemeinschaft; hier bleiben die Eisenbahnen im Eigentum der beteiligten Staaten, und die Gemeinschaft erstreckt sich nur auf Betrieb und Nutzung. Daß hierbei verschiedene Modalitäten denkbar, ist oben bereits an dem preußisch-hessischen und dem Main-Neckarvertrag nachgewiesen worden, und außer den in diesen beiden Verträgen gewählten Normen lassen sich auch recht wohl noch andere denken. Aber gehört denn überhaupt die finanzielle Gemeinschaft mit logischer Notwendigkeit zu dem auf bundesstaatlichem Prinzip beruhenden Gedanken einer Eisenbahngemeinschaft? Man wird die Frage schwerlich bejahen können; allerdings müßte ja die Gemeinschaft gewisse Einnahmen haben, um ihre Ausgaben bestreiten zu können, aber sie brauchen auch nicht größer zu sein als diese, und wenn also die Ausgaben sich auf gewisse allgemeine Verwaltungszwecke beschränken, so könnten die Einnahmen auch recht gut in Beiträgen der vereinigten Staaten bestehen, die nach einem gewissen zu vereinbarenden Maßstabe umzulegen wären. Man wird vielleicht diesem theoretisch richtigen Gedanken die praktische Erwägung entgegenstellen, daß damit ja den Staaten zu wenig geholfen sei, die sich in den Hafen einer finanziellen Eisenbahngemeinschaft retten wollen, weil ihnen die finanziellen Lasten eines eigenen Eisenbahnbesitzes allmählich zu drückend werden. Aber die Vereinigung ohne gemeinschaftliche Finanzen schlösse ja gar nicht aus, daß einzelne Staaten, die sich in diese Notlage versetzt sähen, mit Preußen oder unter sich eine solche finanzielle Gemeinschaft abschlössen, etwa wie in dem Main-Neckarvertrag die preußisch-hessische Gemeinschaft auf der einen, Baden auf der anderen Seite steht, und etwa wie innerhalb der deutschen Armee Preußen mit einzelnen Staaten Militärkonventionen abgeschlossen hat. Dadurch brauchte nicht gehindert zu werden, daß andere Staaten und die Gemeinschaft im allgemeinen in einem lockereren Verbande bleiben. Je nachdem man diese finanzielle Gemeinschaft ordnet, werden sich auch die Konsequenzen ergeben für verschiedene Fragen, welche der sächsischen Gegenschrift hauptsächlich Stoff gegeben haben zu der Bekämpfung einer Eisenbahngemeinschaft nach Art der preußisch-hessischen; so namentlich für die Aufnahme neuer Bahnen, für die Stellung der Beamten, Bahnunterhaltung und Ergänzungsbauten. Trägt ein Staat die Kosten des Baues und des Betriebes neuer Bahnen, so bleibt es ihm ja ganz unbenommen, sein Netz beliebig auszubauen, abgesehen von gewissen, später zu behandelnden Einflüssen der Gemeinschaft; die Beamten würden Landesbeamte bleiben, ihre Besoldungsverhältnisse würden durch den Einzelstaat geordnet werden, und es kann sich nur darum handeln, ob eine gewisse Übereinstimmung in der Gemeinschaft hergestellt werden soll. Ebenso würden Bahnunterhaltung und Ergänzungsbauten den Einzelstaaten überlassen bleiben, und auch hier, wie bei den Betriebsmitteln, würde es sich nur fragen, welche Zuständigkeit in Bezug auf Anordnung und Genehmigung dem Zentralorgane eingeräumt werden solle. Würde also ein Staat es vorziehen, in allen diesen Beziehungen selbständig zu bleiben, so würde dies noch gar kein Grund sein, sich von der Eisenbahngemeinschaft überhaupt auszuschließen.

Würde, so wird man nun anderseits fragen, denn dann überhaupt noch so viel Gemeinsames bleiben, daß es sich lohnte, einen solchen Bund zu schließen, würde nicht dasselbe mit jeweiligen Verhandlungen von Regierung zu Regierung, mit einzelnen Verträgen erreicht werden können?

Verfasser glaubt, die erstere Frage bejahen, die letztere verneinen zu dürfen; und zwar aus folgenden Gründen: Die oben mitgeteilten Motive zum preußischen Gesetzentwurf über die Erwerbung der preußischen Eisenbahnen durch das Reich bezeichnen als diejenigen Faktoren, welche die Schwierigkeit bieten, die Interessen der räumlich mitbeteiligten Bundesstaaten neben den preußischen in gerechter Weise wahrzunehmen, und wegen deren den beteiligten Bundesstaaten die Möglichkeit einer günstigeren Lösung durch das Reichseisenbahnprojekt gewährt werden sollte: die Verkehrsleitung, die Tarifstellung, die Betriebsorganisation. Die beiden ersten Punkte würden die hauptsächlichen sein, mit denen ein Gemeinschaftsorgan sich zu beschäftigen hätte, und hier würde es nun darauf ankommen, das rechte Kompromiß zwischen Zentralisation und Dezentralisation, zwischen Unterordnung unter das Ganze und Selbständigkeit zu schließen. Es sind dies auch gerade die Gebiete, welche zu den beweglichsten Klagen gegen die Übermacht der preußischen Staatsbahnverwaltung geführt haben. Eine gerechte Verkehrsleitung ist aber auch das, was allein die Einzelstaaten für die Verbesserung der finanziellen Erträgnisse ihrer Eisenbahnen erhoffen können, denn daß der preußische Staat die Lasten der übrigen beteiligten Bundesstaaten auf seine Schultern übernehmen werde, nur um diesen behilflich zu sein, ihr enger ausgebautes Netz mit den wirtschaftlichen Vorteilen für das betreffende Staatsgebiet ohne die entsprechende Belastung der Steuerkraft zu betreiben, das wird und kann wohl niemand erwarten, und ebensowenig wird man erwarten dürfen, daß die Gemeinschaft Ablenkungen des Verkehrs von dem einen nach dem anderen Staatsnetze begünstigen werde, die nicht durch die Gerechtigkeit begründet wären. Daß in der Tarifstellung eine Einigung und eine einende Kraft wünschenswert, ja notwendig sei, braucht auch nicht weiter ausgeführt zu werden; die Geschichte der Tarifreformbestrebungen bildet ein langes Kapitel, und das Bedürfnis einer Reform wird von den Eisenbahnverwaltungen und vom Publikum lebhaft empfunden. Die Betriebsorganisation Preußens wird ja wohl nur mittelbar für eine Eisenbahngemeinschaft maßgebend werden können, indes würde eine gewisse Übereinstimmung auch für uns in Sachsen in mancher Richtung nützlich sein können und vielleicht dazu beitragen, den großen Apparat zu vereinfachen.

Die Zuständigkeit für die Betriebsleitung wird es zugleich mit sich bringen, daß der Zentralleitung ein gewisser Einfluß gewahrt werden muß in Bezug auf die Projekte für Ergänzungsanlagen, wie Bau zweiter und fernerer Gleise, Umbau von Bahnhöfen, auf den Betrieb gemeinschaftlicher Bahnhöfe, auf Verfügung über die Betriebsmittel, Bau und Ausrüstung von solchen und dergleichen.

Alle diese Aufgaben und Zuständigkeiten bedingen selbstverständlich ein gemeinsames Organ. Durch das internationale Übereinkommen über den Eisenbahnfrachtverkehr, abgeschlossen zu Bern am 14. Oktober 1889, ist ein Zentralamt geschaffen, welches nach Art. 57 die Aufgabe hat:

> die Mitteilungen der beteiligten Staaten und Eisenbahnverwaltungen entgegen zu nehmen und zu vermitteln, Nachrichten aller Art, welche von Wichtigkeit für das Transportwesen sind, zu sammeln und zu veröffentlichen, auf Begehren der Parteien als Schiedsgericht zu dienen, die durch den internationalen Transportdienst bedingten finanziellen Beziehungen zwischen den beteiligten Verwaltungen, sowie die Einziehung rückständig gebliebener Forderungen zu erleichtern und in dieser

Hinsicht die Sicherheit des Verhältnisses der Eisenbahnen untereinander zu fördern.

Ein Reglement, betreffend die Errichtung dieses Zentralamtes, ist erlassen. Würde es nicht möglich sein, ein solches Zentralamt mit ähnlichen, aber erweiterten Befugnissen zu schaffen?

Entsprechend diesen Befugnissen müßte nun auch das Organ beschaffen sein. Die Befugnisse sind teils verwaltender teils Normen gebender Natur; das Organ könnte man sich deshalb etwa wie in den alten Stadtverwaltungen als einen engeren und einen weiteren Rat oder als einen Ausschuß und eine Vollversammlung denken; Mitglieder der letzteren könnten die betreffenden Ressortminister der beteiligten Staaten und höhere Eisenbeamte sein, etwa unter dem Vorsitz des preußischen Eisenbahnministers, die Plenarberatungen müßten nach Bedarf, wo möglich aber mindestens einmal im Jahr stattfinden. In der Natur eines derartigen Bundesorgans würde es liegen, daß den einzelnen Regierungen nicht ein liberum veto gegeben werden könnte, das der Krebsschaden des Zollvereins war, sondern daß ein der Bedeutung des betreffenden Staatsbahngebietes entsprechendes Stimmenverhältnis hergestellt werden müßte; für gewisse Dinge aber könnten Vorbehalte gegen Majorisierung gemacht werden, wie sie z. B. auch Art. 3 des Main-Neckarvertrages vorsieht.

Wird von einer finanziellen Gemeinschaft abgesehen, dann entfallen auch die Schwierigkeiten gegenüber den Einzellandtagen, denn die Feststellung des Budgets verbliebe ihnen ja, die Einnahmeziffern entziehen sich ohnedies tatsächlich ihrer Entschließung; allerdings würden sie ja von der Feststellung des Tarifes abhängen, aber solche Tarife werden ja nicht periodisch festgestellt, und zu einer grundlegenden Tarifreform könnte da immer den Einzellandtagen eine Stimme eingeräumt werden. Wohl aber müßte, wie Schäffle in seinen

„Materialien zur Eisenbahnfrage“ (Z. f. d. g. St.-W., Jahrg. 1876 S. 354) fordert, eine Organisation getroffen werden, welche die Sachverständigen und Interessenten in geregelter Vertretung den sei es dezentralisierten sei es zentralisierten Verwaltungsbehörden an die Seite stellt.

Würde nun eine solche Organisation sich lohnen? das war die erste oben gestellte Frage, und der Nachweis dürfte geführt sein, daß sie auch ohne finanzielle Gemeinschaft eine große und bedeutungsvolle Stellung haben würde. Sie würde darum auch nicht ersetzt werden können durch freie Verhandlungen zwischen den Einzelregierungen; denn so loyal und entgegenkommend dieselben auch dabei sich erweisen mögen, es ist doch gewiß etwas anderes, wenn die beteiligten maßgebenden Faktoren in dauernder gemeinsamer Arbeit zusammenstehen, wenn sie in persönlichem Meinungsaustausch die Interessen und Wünsche der einzelnen Regierungen abwägen und vermitteln können, wenn sie im gemeinsamen Ausblick auf die hohen und wichtigen Interessen der Gesamtheit eine gemeinsame Eisenbahnpolitik für das Deutsche Reich inaugurieren und verfolgen können. Eher, als daß die Organisation nutzlos wäre, könnte man vielleicht den Zweifel erheben, ob nicht Preußen fürchtete, sich in einer solchen Gemeinschaft die Hände gebunden zu sehen; indes, wenn derselbe Geist dort noch lebt, der in den Motiven zu dem Gesetze über die Erwerbung seiner Eisenbahnen sich kund gegeben hat, so wird man diese Befürchtung gewiß unterdrücken; die gewaltige Macht, die in den preußischen Staatsbahnen liegt, wird ja ihrer Verwaltung auch immer naturgemäß einen sehr maßgebenden Einfluß sichern. Unser Sachsen aber ist durch seine Lage und seine entwickelte Industrie ganz besonders darauf angewiesen, einer solchen Vereinigung zuzustreben, denn es sind nicht bloß Eisenbahninteressen, die in ihr Schutz und Berücksichtigung zu suchen hätten; und Sachsen würde in einem solchen gemeinsamen Organe seine Stimme ganz anders zur Geltung bringen können als im Wege freier Verhandlung.

Der Amerikaner Vanderlip sagt in seiner äußerst beherzigenswerten Schrift „Amerikas Eindringen in das europäische Wirtschaftsgebiet". Berlin 1903, 2. Ausgabe S. 20 ff..

„Einer der wichtigsten Faktoren für die Stärke unserer industriellen Position ist die unzweifelhafte Überlegenheit unseres Verkehrswesens. Wenn man noch das Bild unserer eleganten Züge, Mammutlokomotiven und, was noch wichtiger, unsere allgemein üblichen Fünfzig-Tonnen-Frachtwagen vor Augen hat, erscheinen Einem die Europäer mit ihren Puppenwagen, kleinen Lokomotiven und ihrer häufig langsam arbeitenden Betriebsverwaltung wie Amateure in der Kunst des Transportes. Wenn man die Sache mit dem Blicke des Sachverständigen betrachtet, indem man die Kosteneinheit, die Frachtkosten per Tonne und Meile oder den Fahrpreis der Passagiere per Meile und eine Statistik des Tonnengehaltes der Frachtzüge und die Betriebskosten derselben in Vergleich stellt, so wird man einen erstaunlichen Mangel an Leistungsfähigkeit sowohl in Großbritannien wie auf dem Kontinente entdecken. Vielleicht ist es nicht ganz gerechtfertigt, einen durchschnittlichen Kostenvergleich für Frachtverkehr per Tonne und Meile in Amerika und Europa zu machen, weil der Transport dort durchschnittlich viel kürzer ist, und weil die Transportkosten beim Auf- und Abladen in der Tat dieselben sind, wie weit der Transport auch sei. Der durchschnittliche Satz per Tonne und Meile ist auf allen amerikanischen Bahnen für alle Arten von Gütern zur Zeit weniger als 3/4 Cent (3,15 Pfg.). Wenn wir die Statistiken der östlichen Hauptlinien allein betrachten, würde sich diese Zahl auf ungefähr

1/2 Cent per Tonne und Meile belaufen. Die Beträge sind in Großbritannien 2,4, in Frankreich 2,2, in Deutschland 1,6 und in Rußland 2,4 Cent. Eine der bemerkenswertesten Illustrationen dafür, daß es den europäischen Industriellen nicht möglich ist, mit der Zeit Schritt zu halten, bietet ein Vergleich der Leistungsfähigkeit ihrer und unserer Eisenbahnen. Auf englischen Eisenbahnen kostet es dreimal so viel, eine Tonne Fracht zu befördern, wie auf amerikanischen Bahnen. Englische Eisenbahndirektoren haben noch nicht eingesehen, welche Ersparnisse bei starkem Verkehr erzielt werden können durch Lokomotiven enormer Leistung und Güterwagen, die 50 Tonnen fassen. Aber wenn die englischen Eisenbahnen nicht mit uns Schritt halten können, was kann man von den meisten kontinentalen sagen? Die kurzen Züge mit zwerghaften Güterwagen, von denen mancher nur 8 Tonnen faßt, machen es jedem Laien klar, was für ein Hemmschuh die hohen Transportkosten für die Entwicklung der Industrie in ganz Europa sind."

An einer anderen Stelle, S. 50 ff., weist derselbe Verfasser auf folgendes hin:

„Da der Materialpreis ein zunehmender Faktor des Gesamtpreises eines Produktes ist, werden stets die Fabrikanten, denen in der Tat unerschöpfliche und reiche Quellen in der Nähe zur Verfügung stehen, die nicht minderwertige Erze und wenig ertragsreiches Land bearbeiten müssen, oder das Material von weither kommen lassen müssen, stets denen gegenüber, deren Quellen weniger reich und weniger günstig gelegen sind, ungeheuer im Vorteil sein."

Unser industrielles Sachsen ist nun in fast allen diesen Beziehungen in einer ungünstigen Lage: es muß fast alle

Rohmaterialien, die es braucht, von weit her kommen lassen; Wolle, Baumwolle, Eisen und selbst die Kohlen des eigenen Landes werden mehr und mehr unzureichend für den wachsenden Bedarf und erreichen zuweilen Preise, die den Gewinn der Industrie in Frage stellen. Sachsen hat daher, wie kaum ein anderes deutsches Land, ein Interesse an der Verbilligung des Transportes auf den Zufahrtswegen, die zumeist außerhalb des Landes liegen, und es wäre für die industrielle Zukunft des Landes von unendlichem Gewinne, wenn es Einfluß auf die Gestaltung dieses Transportes erlangte.

Verfasser dieser Schrift möchte daher auf die Frage: Auf dem Wege zur Eisenbahngemeinschaft? im Gegensatze zu dem sächsischen Fachmanne antworten: Hoffentlich! Freilich nicht zur preußisch-hessischen Gemeinschaft, sondern zu einer wo möglich alle mit Staatsbahnen versehenen deutschen Einzelstaaten umfassenden Gemeinschaft, einer auf bundesstaatlicher Grundlage organisierten Bildung für das Eisenbahnwesen, die das rechte Kompromiß zwischen Zentralisation und Dezentralisation vermittelte, den Einzelstaaten die Selbständigkeit soweit ließe, als nicht die großen Aufgaben einer deutschen, nach großen Gesichtspunkten, mit allen Hilfsmitteln einer fortschreitenden Technik geleiteten Verkehrspolitik eine Zusammenfassung erheischen. Eine solche organische Bildung könnte auch die mit den Eisenbahnen in so engem Zusammenhang stehenden Wasserstraßen mit in den Bereich ihrer Zuständigkeit ziehen, und gerade das wäre für Sachsen, wie für Bayern, in Rücksicht auf die in Preußen gehegten Kanalpläne von der größten Wichtigkeit. Eine solche Vereinigung würde gewiß mit Recht dem Zollvereine verglichen werden können und wie dieser die Keime einer bedeutungsvollen Entwicklung in sich tragen.

# V. Verhältnis zum Reich. Reichsfinanzreform.

Zwei Faktoren sind es hauptsächlich, welche das regelmäßige Gleichgewicht im sächsischen Staatshaushalt ungünstig beeinflussen und stören; das sind einmal die schwankenden Erträgnisse der Eisenbahnen, wovon im vorigen Abschnitte gesprochen worden, und sodann die Abhängigkeit von den Überweisungen aus dem Reiche und den Matrikularbeiträgen an das Reich. Der letztere Umstand, in Verbindung mit den in allen mittleren und kleineren Staaten gespannten finanziellen Verhältnissen, hat das Bedürfnis nach einer Reichsfinanzreform immer dringlicher empfinden, den Ruf danach immer lauter ertönen lassen. Auch in den sächsischen Kammern ist seitens der Regierung wie seitens der Mitglieder des Landtags die Notwendigkeit einer solchen Reform wiederholt betont, die baldige Durchführung gefordert worden, und es würde deshalb eine Betrachtung der sächsischen Finanzlage unvollständig sein, wenn sie nicht auch dieser Seite derselben ihre Aufmerksamkeit zuwendete. Selbstverständlich soll es nicht unternommen werden, die Frage der Reichsfinanzreform in ihrer ganzen großen politischen, verfassungsmäßigen und finanziellen Bedeutung hier erschöpfend zu behandeln, aber es soll doch der Versuch gemacht werden, einige leitende Gesichtspunkte zu gewinnen, und es erscheint dies um so wünschenswerter, als die Regierungen über die Gestaltung, die sie der Reichsfinanzreform zu geben beabsichtigen, sich neuerdings noch nicht ausgesprochen haben und im übrigen die Meinungen je nach der politischen oder wissenschaftlichen Parteistellung sehr auseinandergehen [1]).

Zuvörderst aber möge in Bezug auf den sächsischen Staatshaushalt der Nachweis gegeben werden, in welcher Weise die Überweisungen einer-, die Matrikularbeiträge anderseits denselben seit der Periode 1880/81 beeinflußt haben; es haben betragen in 1000 Mk.:

| | die Überweisungen | die Matrikularbeiträge | die Überweisungen + | die Überweisungen − |
|---|---|---|---|---|
| 1880/81 | 5 964 | 9 545 | — | 3 851 |
| 1882/83 | 10 826 | 10 699 | — | 127 |
| 1884/85 | 13 913 | 10 768 | 2 745 | — |
| 1886/87 | 19 825 | 17 953 | 1 872 | — |
| 1888/89 | 39 561 | 38 678 | 10 883 | — |
| 1890/91 | 51 620 | 40 390 | 11 230 | — |
| 1892/93 | 50 842 | 48 303 | 1 439 | — |
| 1894/95 | 55 494 | 54 612 | 882 | — |
| 1896/97 | 61 877 | 58 592 | 3 225 | — |
| 1898/99 | 67 524 | 67 385 | 139 | — |
| | | | 32 415 | 3 608 |
| | | | 3 608 | |
| | | | 28 807 | |

Es sind also ansehnliche Überschüsse der Überweisungen über die Matrikularbeiträge, die Sachsen vom Reiche in den

[1]) Diejenigen Leser, die sich mit der einschlagenden Literatur eingehender zu beschäftigen wünschen, mögen aufmerksam gemacht werden auf: Köppe, Dr. phil. Hans, Die Reichsfinanzreform. Leipzig 1902. — Von älteren Schriften u. a.: Mayr, Dr. Georg von, Zur Reichsfinanzreform. Stuttgart 1893. Preuß, Dr. Hugo, Reichs- und Landesfinanzen. 1894. Cohn, Dr. G., Die Finanzen des Deutschen Reichs seit ihrer Begründung. 1899.

betr. 20 Jahren erhalten hat, aber ihr Schwanken macht sie doch zu einem recht bedenklichen Geschenk. Schwankungen wie die von 11 230 000 Mk. auf 882 000 Mk. fallend, dann wieder auf 3 225 000 Mk. steigend und wieder auf 139 000 Mk. fallend stehen zu einer normalen Budgetentwicklung eines Landes wie Sachsen in gar keinem Verhältnisse. Sie können eigentlich nur als außerordentliche Einnahmen behandelt werden, aber das ist doch nicht der Gedanke, der den Überweisungen zu Grunde gelegen hat, und deshalb ist eben die Gefahr groß, daß auf hohe Überweisungen hohe dauernde Ausgaben gegründet werden, oder daß mit Rücksicht auf sie auf regelmäßige Einnahmen verzichtet wird. Dieser Gefahr ist man in Sachsen in beiden Richtungen erlegen; und mit Rücksicht darauf hat man, wie früher mitgeteilt worden, in Sachsen seit der Periode 1896/97 einen Ausgleichsfonds in sich gebildet; aber es ist doch grundsätzlich unrichtig, den Einzelstaat zu nötigen, sich gegen solche Stöße aus der Reichsfinanzverwaltung in sich zu versichern. Namentlich aber wird die Maßregel dann ungenügend, wenn, wie dies in den letzten beiden Budgetperioden der Fall gewesen, das Überwiegen der Matrikularbeiträge konstant, der angesammelte Fonds aufgezehrt wird und das Defizit aus den Landessteuern gedeckt werden muß. Nach dem Etat für 1902/03 sollen dem angesammelten Fonds von 4 307 937 Mk. gemeinjährig 1 500 000 Mk., im ganzen also 3 000 000 Mk. entnommen worden, die aber nach den Abschlüssen des Reichs nicht genügen werden. Es ist also ziemlich eingetroffen, was Miquel als Mitglied des deutschen Reichstages bei der Beratung über die Verfassung des Norddeutschen Bundes gesagt hat:

> „Die Umlage (Matrikularbeiträge) ist die Proklamation der finanziellen Zerrüttung und Anarchie in den sämtlichen deutschen Bundesstaaten."

Das finanzielle Verhältnis von Reich und Einzelstaat

ist denn auch wiederholt Gegenstand von Reformversuchen gewesen, bei denen allseitig anerkannt wurde, daß die Bestimmungen der deutschen Reichsverfassung Artikel 69 ff. nur eine Art Notbau darstellten, den man im Drange der Verhältnisse unter Dach gebracht habe, der aber eines Um- und Ausbaues dringend bedürfe. Vgl. Köppe a. a. O. S. 17 ff.

Fürst Bismarck, der es für wünschenswert hielt, daß die Einzelstaaten Kostgänger des Reiches seien, nicht umgekehrt, und der ein Anhänger der indirekten Steuern war, suchte eine Sicherung des Bestandes des Reichs zunächst in der Erhöhung der Einnahmen des Reiches durch Zölle und Verbrauchssteuern, und dieser Weg ist denn auch mit Erfolg beschritten worden. Allein durch die bekannte sogenannte clausula Franckenstein wurde das Verhältnis insofern umgekehrt, als dem Reiche nur ein geringer, auf 130 000 000 Mk. festgelegter Betrag gelassen, der überschießende Betrag den Einzelstaaten überwiesen und dem Reiche nur das Recht belassen wurde, diese Überweisungen sich in der Form von Matrikularbeiträgen wiederzuholen. Es sollte dadurch die Selbständigkeit der Einzelstaaten gestärkt, das Reich vor einer Überschußwirtschaft bewahrt werden. Allein, diese ging, wie oben gezeigt, nun auf die Einzelstaaten über, das Reich entbehrte der Mittel zu außerordentlichen Ausgaben und war mehr und mehr zur Aufnahme von Schulden genötigt; diese nahmen rapid zu, und in dem Maße, als die ordentlichen Ausgaben des Reichs zur Höhe der ordentlichen Einnahmen heranwuchsen, verkehrte sich die den Einzelstaaten zugedachte Wohltat in ihr Gegenteil. Es ist bezeichnend genug, daß in Deutschland in solcher Weise an den Finanzen des Reichs und der Einzelstaaten herumexperimentiert wurde, und daß es noch nicht gelungen ist, aus dem falschen Gleise wieder herauszukommen. Bekanntlich haben es die Regierungen im Jahre 1893 und 1895 versucht, eine Reform der Reichsfinanzen beim Reichstage durchzubringen, aber ohne Erfolg, und seitdem hat die Sache geruht. Vgl. Buchenberger a. a. O. S. 33 ff. und Köppe a. a. O S. 47 ff.

Will man sich nun ein Urteil über die in Aussicht zu nehmenden Ziele einer Reichsfinanzreform bilden, so würde man von vornherein von einem einseitigen und darum falschen Standpunkte ausgehen, wenn man glaubte, daß es sich dabei allein oder auch nur hauptsächlich um die Heilung der den Einzelstaaten zugefügten Schäden handle. Um ein dauernd befriedigendes Verhältnis zu schaffen, muß man vor allem die Bedürfnisse des Reiches im Auge behalten und aus dessen bundesstaatlicher Natur die Folgerungen ableiten, die dem Ganzen wie den einzelnen Gliedern gerecht werden. Jedenfalls stehen wichtige bundesstaatliche Prinzipien in Frage, und es dürfte daher von Wert sein, zu prüfen, wie die finanziellen Beziehungen des Bundes zu den Einzelstaaten und zu den Bürgern in anderen bundesstaatlichen Organismen geordnet sind.

Vgl. darüber u. a. die oben zitierte Abhandlung von Robinson, „Das Wesen des Bundesstaates" in der Zeitschrift für die gesamte Staatswissenschaft, Jahrgang 53, S. 609 ff.

Betrachten wir zunächst die gewaltige und geniale Staatenbildung der Vereinigten Staaten von Nordamerika, so ist hier der Kongreß befugt, „Steuern, Abgaben, Zölle und Gefälle aufzuerlegen und zu erheben, um die Schulden der Vereinigten Staaten zu bezahlen und für die Verteidigung und allgemeine Wohlfahrt zu sorgen" (Art. I, Sekt. 8 § 1). Welchen Wert man dort auf diese Befugnis legt, spricht Robinson a. a. O. S. 622 mit den Worten aus:

„In diesem neuen System (der Bundesverfassung gegenüber den früheren Konföderationsartikeln) war der Schlußstein die Ersetzung der Beiträge durch Bundessteuern. An diesem Punkt tobte der Kampf besonders in der New Yorker Konvention. Seine Verwerfung hätte den Einsturz des ganzen Gewölbes bedeutet. Irgend welche Abhängigkeit der Zentralgewalt von den Staaten oder der Staaten von der Zentralgewalt ist eine Verletzung des Föderalprinzips; finanzielle Abhängigkeit ist seine Vernichtung."

v. Holst, Staatsrecht der Vereinigten Staaten von Nordamerika in der Marquardsenschen Sammlung, sagt darüber (S. 64):

„Der Finanznot, die unter den Konföderationsartikeln je länger je mehr der Republik verhängnisvoll zu werden drohte, war in erster Linie die Neugestaltung der Union zu danken, und die Verfassung trägt daher natürlich in ausgiebigem Maße Sorge dafür, daß es der Bundesregierung nicht an den zur Erfüllung der Bundeszwecke erforderlichen materiellen Mitteln gebrechen kann. . . . Der Kongreß darf also zu Auflagen jeder Art greifen, und da sie durch Organe der Bundesregierung ohne Vermittlung der Staaten direkt von dem einzelnen erhoben werden, kann er stets den Bedürfnissen des Staates in vollem Umfange genügen, denn die Höhe jeder Auflage, die der Kongreß überhaupt machen darf, ist ganz in seine Diskretion gestellt; politische und wirtschaftliche Erwägungen und Billigkeitsgründe setzen ihm in dieser Hinsicht gewisse Schranken, aber seine verfassungsrechtliche Kompetenz ist unbegrenzt. Allein, das Besteuerungsrecht des Kongresses ist doch nicht etwa ein unbeschränktes. Zunächst sind ihm nach verschiedenen Richtungen hin durch einige ausdrückliche Bestimmungen der Verfassung feste Grenzen gezogen. ‚Alle Abgaben, Zölle und Gefälle sollen im ganzen Gebiete der Vereinigten Staaten einheitliche sein.' Ferner müssen direkte Steuern im Verhältnis zur Einwohnerzahl der Staaten umgelegt werden (Art. I, Sekt. 2, § 3) und zwar ist dabei der Zensus zu Grunde zu legen (Art. I, Sekt. 9, § 4). (Hier heißt es: „Kopfsteuern oder andere direkte Steuern'. In einer neueren Entscheidung hat das Oberbundesgericht die schon früher herrschende Ansicht bestätigt, daß nur Kopfsteuern und Steuern auf Grundeigentum direkte Steuern im Sinne der Verfassung sind, Einkommensteuern also nicht unter die beiden angeführten Verfassungsbestimmungen fallen.) Weitere Beschränkungen ergeben sich daraus, daß der Kongreß das Besteuerungsrecht nur zur Erfüllung der genannten Zwecke anwenden darf."

In der Bundesverfassung der Schweiz bestimmt Artikel 42: „Die Ausgaben des Bundes werden bestritten:

a) aus dem Ertrage des Bundesvermögens;
b) aus dem Ertrage der schweizerischen Grenzzölle;
c) aus dem Ertrage der Post- und Telegraphenverwaltung;
d) aus dem Ertrage der Pulververwaltung;
e) aus der Hälfte des Bruttoertrages der von den Kantonen bezogenen Militärpflichtersatzsteuern;
f) aus den Beiträgen der Kantone, deren nähere Regulierung vorzugsweise nach Maßgabe der Steuerkraft derselben der Bundesgesetzgebung vorbehalten ist."

Zur Ausführung der letzteren Bestimmung ist das Bundesgesetz, betr. die eidgenössische Geldskala, vom 9. Mai 1875 erlassen, welches auf Grund der Volkszählung vom 1. Dezember 1870 das einfache Geldkontingent der Kantone in acht Klassen festsetzte, mit zehn Rappen pro Kopf bei Uri beginnend bis

90 Rappen bei Basel-Stadt, im ganzen 1172224 Frcs. Zur Erhebung bedarf es besonderer Beschlüsse der Bundesversammlung. Das letzte Mal ist es im Jahre 1849 eingefordert worden. Es besteht in der Schweiz eine starke Abneigung gegen diese Besteuerung. Nach Blumer-Morel, Handbuch des Schweiz. Bundesstaatsrechts, Bd. I, S. 393, sagte schon die Revisionskommission von 1832 in ihrem Berichte:

„Wir nehmen an, die Geldkontingente, d. h. die direkte Auflage, welche der Bund von den Kantonen erhebt, sollen nicht unter die ordentlichen Einnahmen der Bundeskasse begriffen sein. Die Bezahlung dieser Summen, für mehrere Kantone ein leichtes, lästiger für andere, wäre unter den neuen Verhältnissen, wo die vermehrten Militärausgaben des Bundes häufig die Einziehung von mehr oder weniger bedeutenden Quoten eines Geldkontingents erfordern würden, eine drückende Leistung. Es ist wünschbar, daß ein Verhältnis, das zu Reibungen zwischen den Kantonalinteressen und denen des Bundes und zu gegenseitiger Kälte Anlaß geben könnte, vermieden und diese Quelle des Einkommens für außerordentliche Fälle aufgespart werde. Alsdann nimmt das Nationalgefühl seinen vollen Aufschwung und gebietet den örtlichen Interessen Stillschweigen."

Blumer selbst sagt dazu:

„Nach dem Gange der Beratung bei Entwerfung der Bundesverfassung läßt sich die rechtliche Möglichkeit nicht bestreiten, direkt Geldbeiträge der Kantone auch für Ausgaben zu erheben, welche man zu den in der Verfassung selbst vorgesehenen und also gewissermaßen zu den ordentlichen Lasten des Bundes rechnen muß ... Wir glauben aber, daß dieses bei den vorhandenen faktischen Verhältnissen beinahe unmöglich wäre. Die finanzielle Lage der Kantone ist gegenwärtig durchgehends weit gedrückter, als sie es noch im Jahre 1848 war. Sobald daher der Bund von den Kantonen ordentliche jährliche Beiträge von irgend welchem Belange für seine Zwecke fordern würde, so könnte dieser Forderung in den meisten Kantonen nicht anders als mittels erhöhter Steuern entsprochen werden. Diese Beschwerung würde ohne Zweifel von unserem Volke keineswegs ruhig hingenommen werden, wenn es sich um Ausgaben handeln sollte, die sich nicht allgemeiner Zustimmung erfreuen. Die neue Eidgenossenschaft hat daher jedenfalls sehr wohl daran getan, ihr Finanzwesen so einzurichten, daß es für ordentliche Zeiten von demjenigen der Kantone unabhängig ist; es war dies gerade eine unerläßliche Bedingung für eine freie und ungehemmte Entwicklung des Bundesstaates."

Auch Orelli in seinem „Staatsrecht der Schweiz" (Marquardsensche Sammlung) sagt:

„Geldkontingente der Kantone. Diese sind auch in der Bundesverfassung von 1874 wieder aufgeführt, wohl weniger, um sie wirklich einzuziehen, sondern vielmehr aus einem gewissen Gefühl der Opposition gegen die Ideen einer direkten Besteuerung der Bürger durch den Bund. Falls der Zentralstaat einmal in diese Lage kommen sollte, Geld auf dem Steuerwege einzuziehen, soll dies nur durch Einforderung von Geldkontingenten geschehen können."

Vergleicht man nun mit diesen Vorgängen die Ordnung der Verhältnisse im Deutschen Reiche, wie sie sich nach Art. 70 der Reichsverfassung und nach der lex Franckenstein gestaltet haben, so ergibt sich folgendes.

Artikel 70 der Reichsverfassung lautet:

„Zur Bestreitung aller gemeinschaftlichen Ausgaben dienen zunächst die etwaigen Überschüsse der Vorjahre, sowie die aus den Zöllen, den gemeinschaftlichen Verbrauchssteuern und aus dem Post- und Telegraphenwesen fließenden gemeinschaftlichen Einnahmen. Insoweit dieselben durch diese Einnahmen nicht gedeckt werden, sind sie, solange Reichssteuern nicht eingeführt sind, durch Beiträge der einzelnen Bundesstaaten nach Maßgabe ihrer Bevölkerung aufzubringen, welche bis zur Höhe des budgetmäßigen Betrags durch den Reichskanzler ausgeschrieben werden."

Die Beiträge der Bundesstaaten haben also in doppelter Beziehung einen subsidiären Charakter: sie dürfen nur ausgeschrieben werden, „insoweit die gemeinschaftlichen Ausgaben nicht durch die gemeinschaftlichen Einnahmen gedeckt werden, und nur, solange Reichssteuern nicht eingeführt sind". Dieser subsidiäre Charakter wurde nun in der ersteren Beziehung, wie erwähnt, vollständig in das Gegenteil durch die sogenannte clausula Franckenstein verwandelt, wonach vom jährlichen Ertrage der Zölle und der Tabaksteuer nur der feste Betrag von 130 000 000 Mk. dem Reiche verbleibt, der Überschuß aber den Einzelstaaten überwiesen wird, und zwar nach Maßgabe des Maßstabes für die Aufbringung der Matrikularbeiträge, also nach der Kopfzahl der Bevölkerung. Später eingeführte Verbrauchssteuern wurden teils ganz, teils in einem gewissen Verhältnisse den Einzelstaaten überwiesen. Da nun die 130 000 000 Mk. nicht entfernt zur Deckung der gemeinschaftlichen Ausgaben reichten, so wurden die Matrikularbeiträge, ganz im Widerspruche mit dem Gedanken der Reichsverfassung, nicht nur zur ordentlichen, sondern sogar zur unentbehrlichen Einrichtung des Reichshaushaltes gemacht. Jede Reichsfinanzreform hat daher bei der clausula Franckenstein einzusetzen. Dabei fragt es sich nun, inwieweit man daran festhalten will, daß das Reich an die Einzelstaaten einen Teil seiner Einnahmen abgibt. Wie früher bereits bemerkt, entsprach es den Absichten des Fürsten Bismarck, daß die Einzelstaaten Kostgänger beim Reiche werden sollten. Die erste der Reichsfinanzreformvorlagen hatte auch eine dauernde Mehrüberweisung an die Einzelstaaten in Höhe von 40000000 Mk. vorgesehen; die ein Jahr später erfolgte zweite Vorlage dieser Art beschränkte sich unter Verzicht auf eine solche Überweisungspolitik darauf, eine Gleichstellung in der Höhe der Matrikularbeiträge einer-, „der Überweisung anderseits" anzustreben. (Vgl. Buchenberger a. a. O. S. 33). Und es ist letzteres gewiß auch richtig; es entspricht einmal dem Gedanken der gegenseitigen Unabhängigkeit im Verhältnis von Reich und Einzelstaat, und anderseits macht die Garantie eines gewissen Zuschusses seitens des Reichs doch erhebliche verfassungsmäßige und steuergesetzliche Schwierigkeiten.

Köppe a. a. O. S. 134 tritt zwar sehr warm für diese dauernde Verbindung ein, es kann ihm aber darin nicht beigetreten werden. Auch die Denkschrift der sächsischen Regierung über die Weiterführung der Reform der direkten Steuern vom Landtag 1901/02 warnt vor der Annahme, daß nach Zustandekommen der Reichsfinanzreform den Einzelstaaten nennenswerte Zuwendungen aus dem Reiche zufließen werden. Es dürfte daher kein Zeitpunkt geeigneter sein, einen solchen Verzicht auszusprechen, als der, in welchem faktisch das Reich Kostgänger der Einzelstaaten geworden ist.

Die subsidiäre und provisorische Natur, welche den Matrikularbeiträgen nach der anderen Beziehung durch die Reichsverfassung gegeben worden ist, nämlich daß sie nur so lange erhoben werden dürfen, als nicht Reichssteuern eingeführt sind, hat nun aber die üble Folge gehabt, daß weder das Institut der Matrikularbeiträge noch das der Reichssteuern ausgebaut worden ist. Den Matrikularbeiträgen haften die beiden Kardinalfehler an, daß sie nach der Kopfzahl auf die Staaten repartiert werden, und daß sie zum ganz mechanischen Rechenexempel geworden sind. Der erste Fehler, wonach 100000 arme Bewohner des Thüringerwaldes genau so viel zahlen müssen, wie 100000 reiche Bremer Bürger, ist ja bereits bei Abfassung der Verfassung in so scharfen Worten gegeißelt worden, daß man seine Fortschleppung bis in die neueste Zeit nicht für möglich halten sollte. Und an dem anderen Fehler zeigt sich wieder einmal recht deutlich, wie bedenklich es im konstitutionellen Leben ist, wenn diejenigen, die einen Beschluß fassen, für sich selbst nicht die Empfindung der vollen Verantwortlichkeit tragen, und auch nicht nach außen als die Verantwortlichen zur Erscheinung kommen. Der Etat wird zwar durch Gesetz festgestellt, aber eines besonderen Aktes zur Erhebung von Matrikularbeiträgen bedarf es nicht, und die Inanspruchnahme für das Reich verschwindet in dem Staatshaushalt des Einzelstaates. Die Organe des Reichs wälzen ihre Verantwortlichkeit auf die Einzelstaaten ab und überlassen es diesen, zu sehen, wie sie fertig werden. Daß dies ungesunde und darum bedenkliche Zustände sind, hat die Erfahrung zur Genüge gelehrt, und es fragt sich, ob die Reform hier einsetzen soll. Dazu wäre beim System der Beiträge das Zweifache nötig, daß ähnlich wie in der Schweiz Geldkontingente eingeführt und daß diese nur auf besonderen Beschluß vom Bundesrat und Reichstag erhoben würden. Allein, an eine solche Einschätzung der Leistungsfähigkeit der Einzelstaaten kann in Deutschland ernstlich wohl nicht gedacht werden, und darum wird ein legislatorischer Ausbau der Matrikularbeiträge aus dem Problem der Reichsfinanzreform ausscheiden müssen. Dann wird aber, sollen nicht die alten Mißstände fortdauern, das

Institut der Matrikularbeiträge überhaupt aus der Reichsverfassung verschwinden müssen. Wie ist dies aber möglich?

Die Beantwortung dieser Frage wird gewöhnlich verquickt mit der Frage, ob indirekte oder direkte Steuern, und es werden ihr dadurch nicht geringe Schwierigkeiten bereitet. Daß in Art. 70 der Reichsverfassung mit dem Ausdrucke „solange Reichssteuern nicht eingeführt sind" nur an direkte Steuern gedacht ist, ist nach dem Gegensatze zu „Verbrauchssteuern" im ersten Satze des Artikels wie nach der ganzen Entstehungsgeschichte unzweifelhaft. An dieser Forderung direkter Reichssteuern wird nun von verschiedenen Standpunkten aus festgehalten, teils vom nationalen, weil man darin eine Stärkung der zentripetalen Kräfte findet, teils vom steuertheoretischen, und namentlich von sozialistischer Seite wird einer Reform, die sich auf indirekte Steuern gründen soll, im voraus der erbittertste Kampf angekündigt, so von Stampfer, Reichsfinanzreform, in den Sozial. Monatsheften, Jahrg. 1902, Heft 12.

Bei der Beurteilung der Frage wird man zweierlei zu unterscheiden haben: soll die augenblickliche Notlage durch Zölle und indirekte Abgaben gehoben werden? und soll auch die Sicherung der Zukunft auf dem Wege der indirekten Besteuerung gesucht werden? In ersterer Beziehung ist die Rede bemerkenswert, mit welcher der Reichsschatzsekretär v. Thielmann den Reichshaushaltsetat für 1903 vorlegte, und die mit den Worten schloß:

„Sie werden mir aber auch gleichzeitig nicht widersprechen wollen, wenn ich Ihnen sage: So notwendig eine solche Finanzreform für uns auch ist, wir können sie unter den gegenwärtigen Verhältnissen nicht einleiten, weil die Handelsverträge gegenwärtig für uns noch ein Buch mit sieben Siegeln sind, und weil das Ergebnis der Handelsverträge von Mehreinnahmen aus den Zöllen erst wird abgewartet werden müssen, um klar zu sehen, wieviel das Reich braucht, um sich in seinem Finanzwesen wieder auf gesunde Füße zu stellen."

Dieser Bemerkung muß insoweit beigestimmt werden, als in dem Augenblicke, wo eine Belastung notwendiger Nahrungsmittel durch Zölle im Werke ist, die Einführung anderer indirekter Abgaben absolut ausgeschlossen erscheint. Was aber die Zukunft anlangt, so führt die Erwägung, daß jede indirekte Steuer einmal sich als unzureichend erweisen kann, die Ausgaben zu decken, dazu, einen beweglichen Faktor zu schaffen, der den Ausgleich bieten kann. Verschiedene Theoretiker haben diesen beweglichen Faktor auf dem Gebiete der indirekten Abgaben gesucht; so hat Schanz im „Finanzarchiv" von 1896 den Vorschlag gemacht, die sämtlichen Stempelabgaben, die Zuckersteuer und den Zuckerzoll beweglich, und zwar im weitesten Sinne, also in dem der jährlichen gesetzlichen Festsetzung ihrer Höhe, zu machen. Ein anderer, von Schäffle (in den „Deutschen Kern- und Zeitfragen") ausgehender Vorschlag empfiehlt eine „allgemeine Luxusbesteuerung". (Vgl. Köppe a. a. O. S. 105 ff.)

Letzterer selbst empfiehlt Zuschläge zu gewissen Zöllen, Verbrauchssteuern und Stempelabgaben, nach bestimmten Gruppen verteilt und auf größere Periodizitäten festgelegt. Daß eventuell eine Erhöhung gewisser Abgaben, Veränderung von Verbrauchssteuern, wie z. B. vom Tabak, sehr in Frage kommen muß, wer möchte dies in Abrede stellen? Die Frage ist nur die, ob auf solche in Aussicht genommene Regelungen hin die Matrikularbeiträge aus der Reichsverfassung ausgeschieden werden können, und diese Frage ist, wenn damit gleichzeitig ein Verzicht auf direkte Reichssteuern ausgesprochen werden soll, entschieden zu verneinen. Ein Reich wie das deutsche kann sich nicht in die Zwangslage bringen, nur auf indirekte Abgaben oder Anleihen verwiesen zu sein. Werden aber direkte Reichssteuern eingeführt, dann müssen nach der Reichsverfassung die Matrikularbeiträge verschwinden. Beides nebeneinander ist ausgeschlossen. Man würde also, wenn man zu einer Abschaffung der Matrikularbeiträge kommen wollte, doch der Ausgestaltung einer direkten Reichssteuer ins Gesicht sehen müssen. An eine solche sind aber zwei Forderungen zu stellen: sie muß so beschaffen sein, daß sie nur subsidiär eintreten kann, und sie muß einheitlich für das ganze Reich sein.

Die erstere folgt aus Artikel 70 der Reichsverfassung, denn eine direkte Steuer darf erst dann und nur insoweit erhoben werden, als die gemeinschaftlichen Einnahmen nicht ausreichen. Eine Änderung könnte nur im Wege von § 78 der Reichsverfassung erfolgen, würde also als abgelehnt gelten, wenn sie im Bundesrate 14 Stimmen gegen sich hätte. Daß die hierzu nötige Stimmenmehrheit sich finden werde, ist nicht anzunehmen; dadurch ist aber eine Reichserbschaftssteuer, wie sie von manchen, u. a. von Stampfer a. a. O., empfohlen wird[1]), von vornherein ausgeschlossen, denn es ist bei einer solchen nicht möglich, den budgetmäßigen Bedarf abzumessen, und ebensowenig ist es denkbar, in einem Jahre, wenn der Bedarf vorliegt, eine Erbschaftssteuer zu erheben, in einem anderen, wenn er verschwunden ist, wieder nicht; hier müßte doch Gleichmäßigkeit herrschen. Es würden also nur Einkommensteuer, Grundsteuer, Rentensteuer und dergleichen bleiben, und da die erste zugleich die beweglichste ist, würde man sich wohl für diese zu entscheiden haben.

Die zweite Forderung aber folgt aus dem Prinzipe der Gerechtigkeit; wenn auch die gesetzliche Vorschrift der Einheitlichkeit nicht, wie in Amerika, durch die Verfassung ge-

[1]) Vgl. auch Jacobs, Die Reichserbschaftssteuer in der Zeitschr. f. d. ges. Staatswissenschaft. Jahrg. 1901. S. 344 ff.

währleistet ist, so muß die Forderung doch gestellt werden. Es ist ganz undenkbar, daß ein Bürger des Bundes nach dem Landesgesetze, ein anderer nach jenem herangezogen werde, und es ist auch absolut ausgeschlossen, daß — was von manchen Seiten jetzt gefordert wird — die Einzelstaaten ihr Steuersystem so uniform einrichten, um daraufhin Zuschläge für das Reich erheben zu können. (Vgl. z. B. „Grenzboten" von 1903, Nr. 7, S. 391.)

So sehr man auch auf Kirchtumspolitik, jämmerliche Kleinstaaterei rc. schimpfen mag, es hat noch kein Bundesstaat unternommen, der Landesgesetzgebung in Bezug auf innere Besteuerung bindende Normen vorzuschreiben, und es wäre in der Tat ein Eingriff der bedenklichsten Art, wenn er dies tun wollte. Es ist wohl auch nicht die geringste Aussicht vorhanden, daß eine solche Änderung der Reichsverfassung die nötigen Stimmen im Bundesrate finden würde. Mit einer freiwilligen Gleichmäßigkeit aber, selbst wenn eine solche zu stande kommen sollte, könnte der Gesetzgeber im Reiche gar nichts anfangen, denn wer bürgt dem Reiche dafür, daß diese Gleichmäßigkeit erhalten bleibt? Und selbst gleichmäßige Gesetze, werden dieselben nicht in verschiedenen Ländern verschieden wirken? Also das Reich müßte sich entschließen, ein eigenes Reichseinkommensteuergesetz zu erlassen, das so beweglich zu gestalten wäre, daß nur dann und nur soweit eine solche Steuer zur Erhebung gelangte, als die Ausgaben die gemeinschaftlichen Einnahmen übersteigen. Und wenn auch die unteren Organe der Steuererhebung vielleicht aus den Landes- und Gemeindebeamten genommen werden könnten, obere Organe, die eine gleichmäßige, gerechte Durchführung im Reiche gewährleisteten, müßte das Reich doch auch haben, wie die Vereinigten Staaten von Nordamerika sie besitzen.

Das also wären die Voraussetzungen einer direkten Reichsbesteuerung. Man wird zugeben müssen, daß sie ziemlich schwer zu erfüllen sind, aber die Übelstände, die mit dem Systeme der Matrikularbeiträge verbunden, sind sowohl für das Reich wie für die Einzelstaaten von so schwerwiegender Natur, sie enthalten gegen kleinere, ärmere Staaten eine so schreiende Ungerechtigkeit, sie sind geeignet, auch die Ordnung im Haushalte der größeren Staaten zu zerstören, und sie gefährden den bundesstaatlichen Charakter des Reiches in so bedenklicher Weise, daß man doch an die Lösung der Frage wird gehen müssen. Diese muß aber eine rechtliche, nicht bloß eine tatsächliche sein. Es dürfte zu erwarten und zu hoffen sein, daß mit dem Rechte zur Erhebung direkter Steuern noch nicht die Erhebung tatsächlich verbunden ist, sondern daß die Entwicklung der Dinge bei uns dieselbe sein werde, wie in den Vereinigten Staaten von Nordamerika und wie in der Schweiz, daß man nämlich von diesem Rechte nur einen äußerst sparsamen und vorsichtigen Gebrauch machen werde. Und das wird für die Bundesleitung wie für den Reichstag ein sehr wünschenswertes Korrektiv der Finanzpolitik sein. Man wird bereitwilliger sein, die Quellen indirekter Besteuerung nutzbarer zu machen, die eine solche schärfere Heranziehung vertragen, wie der Tabak, man wird aber anderseits auch bedenklicher sein, Ausgaben zu machen, die eine Erhebung direkter Reichssteuern notwendig machen.

# VI. Schlußbetrachtung.

Der Verfasser ist bemüht gewesen, sich selbst ein Bild über die Entwicklung der sächsischen Finanzen in den letzten zwölf Budgetperioden zu verschaffen und auch anderen durch eine Zusammenstellung der zwar nicht unzugänglichen aber doch in ihrem Zusammenhange nur mit einiger Mühe zu vereinigenden Daten, Zahlen und Berichte die Unterlagen zu einem eigenen selbständigen Urteile zu bieten. Soll der Verfasser noch sein Urteil geben, so geht dies in Kürze dahin:

Als Grund der ungünstigen Lage unserer Finanzen wird in der Regel angenommen, daß man zu viele und zu kostspielige Bauten ausgeführt und daß man die Rentabilität unserer Eisenbahnen durch den Bau vieler unrentabler Nebenbahnen zu sehr herabgedrückt hat. Beides ist bis zu einem gewissen Grade richtig, aber man würde den sächsischen Staatshaushalt doch falsch beurteilen, weder gerecht gegen die beteiligten Organe sein, noch für die Zukunft sich vor gefährlichen Täuschungen bewahren, wenn man in diesen beiden Umständen den alleinigen oder auch nur den hauptsächlichen Grund der ungünstigen Gestaltung suchen wollte. Dieser liegt vielmehr darin, daß die dauernden Ausgaben in einer viel rascheren Progression gestiegen sind als die natürlichen laufenden Einnahmen aus den Nutzungen des Staatsvermögens und der wachsenden Steuerkraft des Landes. Diese Steigerung liegt eben zum Teil in dem entwickelten Gesetze der wachsenden Staatsausgaben; sie ist in manchen wichtigen Dingen auch von der Entschließung der Regierung und der Stände ganz unabhängig, wie z. B. bei der wachsenden Last der Justiz, der Landesanstalten, des Landarmenwesens und dergl. Zum Teil aber beruhen die Mehrausgaben in dem viel höheren Aufwande für die Erfüllung der mannigfaltigsten Kulturaufgaben, wie für das Unterrichts- und Volksschulwesen, für Verbesserung der Gehälter, der Löhne und sonstigen Arbeitsbedingungen, so besonders bei den Eisenbahnen, für Übernahme weitgehender Pensionslasten, Erleichterung der Gemeinden auf den Gebieten der Kirche, der Schule, der Wegebaulasten und dergl.

Es kann allerdings der Vorwurf nicht erspart werden, daß man in diesen Beziehungen nicht genug mit den verfügbaren Mitteln gerechnet hat; das liegt aber wieder in der Unklarheit und Unsicherheit unseres Staatsbudgets. Zwei Faktoren sind es hauptsächlich, die die Vorstellung erweckt und weit verbreitet haben, daß wir reicher sind, als es der Wirklichkeit entspricht. Das sind die Einnahmen aus unseren Eisenbahnen und die Überweisungen vom Reiche. Die ersteren waren zeitweise sehr hoch und haben dadurch dem Staate einen höheren Standard of life aufgeprägt, namentlich aber die Ansprüche an den Staat ungemein gesteigert; sie wirkten um so gefährlicher, als die Art der Budgetaufstellung über ihre Höhe täuschte und dazu verführte, die Überschüsse schlechthin zur Deckung allgemeiner Staatsbedürfnisse zu verwenden, und damit eine dauernde Erhöhung der Staatslasten zu übernehmen, ohne zu berücksichtigen, daß diese Überschüsse zum Teile vom Kapitale geflossen waren, daß ferner ein Unternehmen wie das Staatseisenbahnnetz zu seiner Fortentwicklung große Reserven braucht, und daß es überhaupt seiner Natur nach großen

Schwankungen unterliegt. Die zweiten aber haben sich aus ähnlichen Gründen als ein Danaergeschenk erwiesen.

Wenn anfänglich die reichlich fließenden Überschüsse noch zu großen einmaligen Ausgaben verwendet wurden, so haben letztere allmählich den dauernden Ausgaben im ordentlichen Budget weichen müssen und sind mehr und mehr auf den Staatskredit verwiesen worden. Die Schuldenlast ist daher in den letzten Jahren außerordentlich gestiegen und mit ihr die laufende Ausgabe für Zinsen; so hat man sich schneller und schneller auf schiefer Ebene bewegt.

Fragt man sich aber, woher die Hilfe kommen soll, so kann man sie suchen auf der Seite der Einnahmen und auf der Seite der Ausgaben.

In ersterer Beziehung wtrd man, wie oben ausgeführt, auf erhöhte Einnahmen vom Reiche nicht rechnen dürfen; ebensowenig ist auf eine ergiebige Steigerung der Einnahmen aus dem Staatsvermögen zu hoffen; insonderheit kann nicht dringend genug davor gewarnt werden, auf eine Erhöhung der Überschüsse der Eisenbahnen zu spekulieren. Man würde damit nur wieder in den alten Fehler verfallen; vor allem muß dem Budget der Eisenbahnen aus diesen Überschüssen gegeben werden, was ihm gebührt, also Verzinsung, höhere Tilgung des Anlagekapitals und Verwendung zu den einmaligen Ausgaben, die jetzt weit über Gebühr durch Anleihen gedeckt werden.

Es bleiben also eigentlich nur die Steuern, und zwar nur direkte, da neue indirekte Steuern bei gegenwärtiger Sachlage ausgeschlossen sein dürften. Eine neue Steuer tritt mit der nächsten Budgetperiode in Kraft, aber über sie ist zu einem erheblichen Teile bereits durch die Wohnungsgeldzuschüsse verfügt, und schwerlich wird man, ehe man Erfahrungen mit dieser neuen Steuer gemacht hat, zu anderen neuen

Steuern verschreiten wollen. Es bleibt die Umbildung der Einkommensteuer, die nach dem Gesetze vom 1. Juli 1902 am 1. Januar 1904 in Kraft treten wird, die aber auch nicht wesentlich mehr als die Zuschläge, nur eine andere Verteilung der Lasten bringen wird. Die Sanierung der Finanzen wird also mehr auf der Seite der Ausgaben zu suchen sein.

Hier wird es vor allem darauf ankommen, daß die Aufnahme neuer Schulden möglichst ganz vermieden oder doch eingeschränkt wird. Zu diesem Zwecke wird man zunächst von der Inangriffnahme neuer Bauten, namentlich neuer Eisenbahnen, möglichst Abstand nehmen müssen. Man wird sich aber auch davor hüten müssen, neue dauernde Lasten auf den Staat zu übernehmen. Zunächst ist dem Lande Zeit zu lassen, mit seiner Steuerkraft die vorausgeeilten Ausgaben einzuholen, und es wird, nach dem prozentualen Wachstum beider in den letzten 20 Jahren zu urteilen, schwer genug sein, dies Ziel zu erreichen. Neuen Lasten gegenüber aber wird man sich klarzumachen haben, daß ihre Übernahme nur mit Steuererhöhung möglich ist.

Um diese Finanzpolitik durchzuführen, ist aber vor allem nötig ein einmütiges, geschlossenes Zusammengehen aller Ministerien. Jedes derselben muß sich die Selbstbeschränkung auferlegen, die die Finanzlage erfordert, und dem Finanzminister muß, wenn nötig gesetzlich, die Möglichkeit eingeräumt werden, auf die Gestaltung der Einzelbudgets einen die Gesamtlage zur Geltung bringenden Einfluß zu üben.

Weiter ist nötig, daß auch der Landtag mit Konsequenz und Nachdruck auf Sparsamkeit dringt, und zwar auf allen Gebieten, namentlich aber auch auf dem Gebiete des Eisenbahnbaues, und daß er hier für einige Zeit eigene Wünsche zurückdrängt. Und endlich, und zwar ganz besonders, ist es nötig, daß auch jedermann im Lande die Regierung und die Stände in dieser Politik der Sparsamkeit unterstützt und es sich versagt, Wünsche an dieselben zu bringen, deren Erfüllung die gegenwärtige Finanzlage verbietet. Wenn diese Schrift mit dazu beitragen sollte, solche Selbstbescheidung im Lande zu fördern, so würde sie einen wesentlichen Teil ihres Zweckes erfüllt haben.

Pierersche Hofbuchdruckerei Stephan Geibel & Co. in Altenburg.

FSC
www.fsc.org
MIX
Papier | Fördert gute Waldnutzung
FSC® C083411

Kolibri 360 GmbH
Ferdinand-Jühlke-Straße 7
99095 Erfurt, Deutschland
produktsicherheit@kolibri360.de

Druck:
CPI Druckdienstleistungen GmbH
im Auftrag der
Kolibri 360 GmbH
Ferdinand-Jühlke-Str. 7
99095 Erfurt